JN096767

五井の歩き方

愛知県蒲郡市五井町の歴史と文化

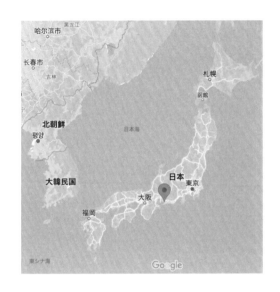

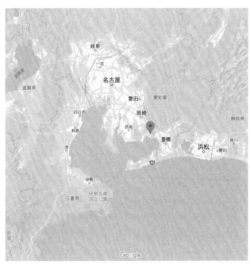

五井町文化財調査委員会

はじめに

　五井町には、医王神古墳・五井古墳群（みかん畑の開墾で消滅）・安達藤九郎盛長の墓・五井城主の墓など、歴史的に貴重な遺跡が多くあります。私達はそこに住んでいても知らないことがあります。そこで五井町文化財調査委員会を立ち上げ、調査・広報活動に努めています。

　五井八幡社資料には、神社に宝物があることになっていますが、実物を見たことがありません。そこで、調査した結果、一部を確認することができ、次の世代に引き継ぐことができました。

　今回、広報活動として、「五井の歩き方」を発刊することになりました。小田哲久・小田美智子氏の「五井を知ってますか」を基に、小田玉五郎氏の手書き本「五井史」を活字化し、さらに、委員会調査結果として、写真・絵地図等の資料を多く取り入れて三巻構成にしました。

　発刊にあたり、神野教育財団の教育・文化活動助成に応募して助成を受け、五井町全戸に無料で配布することができます。この本は、特に子どもたちに読んでほしく、地元を知り、地元を愛する心が育つことを願います。

令和5年6月14日

五井町文化財調査委員長　大村栄

五井の歩き方　全体目次

はじめに

奥付

第一巻　五井を知ってますか

Do you know Goi Village?

小田哲久　小田美智子　編著
Tetsuhisa Oda　　Michiko Oda

五井山頂から見た蒲郡市の展望、五井町は手前
Panoramic View of Gamagori City from the Summit of Mt Goi,
Goi Area in the Foreground

「五井を知ってますか」最新図版(令和5年撮影)

五井山中腹から見た蒲郡の風景（手前が五井町）：表紙は山頂からの展望

図2　長泉寺本堂

図3　長泉寺山門

図4　常円寺山門，本堂

図5　多田鼎銅像

図6　真清寺（五井城の門かもしれない山門は撤去された）　図7　妙善院正面

図10　六地蔵（観音堂）　　　　　　　図11　五井八幡社　正面

図12　金山神社（チンチン石）　　　　五井八幡社　拝殿と本殿

図13　秋葉神社　　　　　　　図14　社口神社（竹藪は無くなった）

図１７　忠魂碑（殉国戦士の碑）

図２５　医王神古墳

図２９　安達藤九郎盛長の五輪塔

図３０　五井松平氏五代の墓

図３１　五井山　国道 23 号線バイパスの工事が進んでおり、山麓に近い所に横一文字に濃い緑が見える。右端の山は御堂山。五井山との境が豊川市へ向かう国坂峠。

図３４a
道標の馬頭観音像（在りし日の姿）

図３４b
道標の馬頭観音像（現況）

図40　五井町民会館

図43　長根橋（豊岡側）橋は無い。

２５年間に新たにできた新設備等の写真

図50　国道２３号線
（五井トンネル開通見学会）

図51　ソフィア看護学校

図52　五井の里

図53　五井眺海園

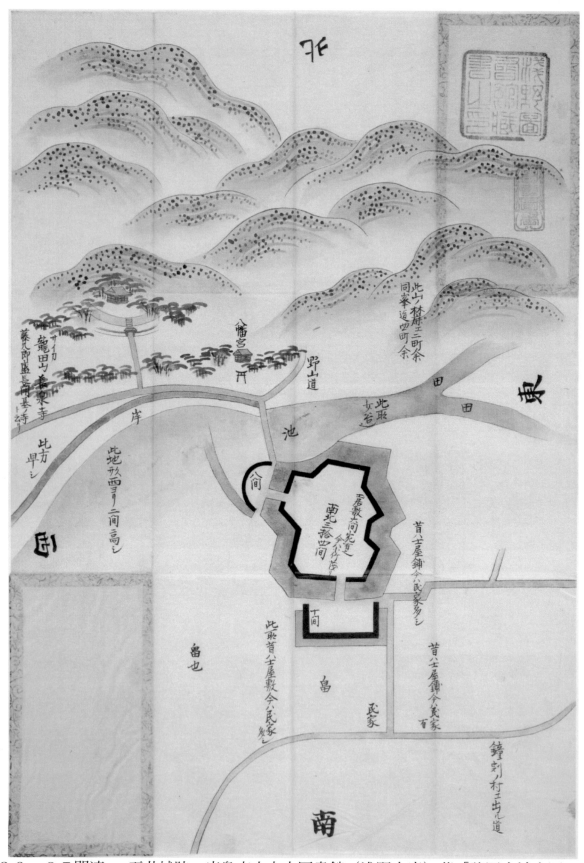

図２６，２７関連　　五井城跡：広島市立中央図書館（浅野文庫）蔵「諸国古城之図」（宝
暦３年：1753年完成）所収「三河宝飯　五井」より．所蔵館の許諾を得て掲載。「八幡宮」・
「長泉寺」が確認できる。

五井を知ってますか

小田哲久　小田美智子　編著

目次　INDEX

五井ってすごいとこ Map

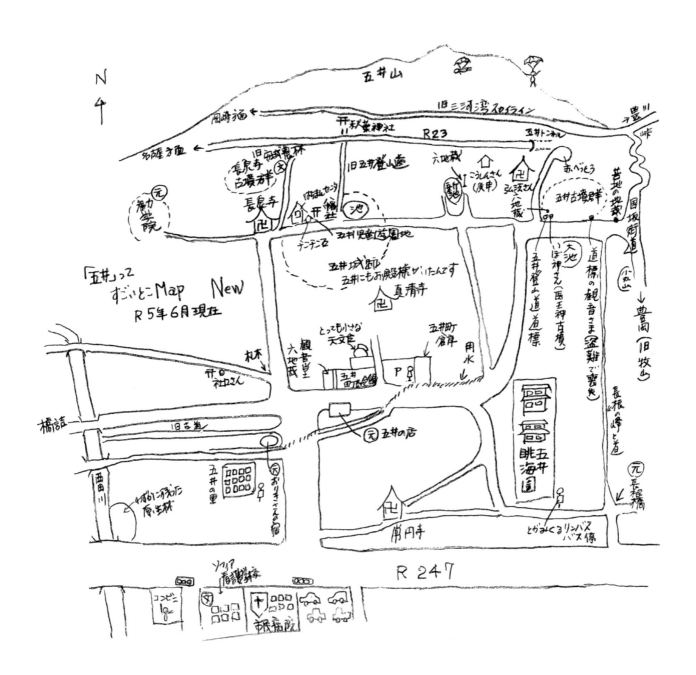

　初版の「五井ってすごいとこマップ」（平成9年6月作画）に加筆修正して、最近（令和5年6月）の五井の様子を描きました。ただし、旧古道と平行して描かれた、橋詰に向かう新しい道には、まだ橋が掛かっていません。五井山上に飛んでいるのは、ハングライダーです。絵地図ですので、スケールは自由に伸縮させています。このマップが、五井を歩く上でのガイドになれば幸いです。

作画　小田美智子

まえがき

　蒲郡市の北には屏風のように五井山が立ち、北からの風を止めている。この五井山の山麓に、五井の邑（むら）がある。この地は、古い遺跡や伝説に富み、また、今も信仰が生活の中に生きている。しかし今、国道２３号線の開通や、新市民病院の開院などで、その姿が大きくかわろうとしている。今のうちに、残せるものは残す努力をしないと、すべての価値あるものが失われ、日本中どこにでもあるような、ありふれた町になってしまうおそれがある。明治以来、すでに相当の変貌を遂げては来たが、まだ、残すべきものは多い。人々が、この地を価値あるものと知れば、保存への意識が生まれるものと信ずる。本書は、このような視点で、過去のことや現在のことに、住民の目で見、また、住民から直接聞いた内容をできるかぎり正確に記載しようとするものである。

第一部　信仰編

第一章　寺院

　五井には、歴史の古い、長泉寺と常円寺という二大名刹がある。また、五井登山道の途中には、激しい火渡りの行を毎年実施する真言宗の妙善院、市内でも最古の建築物をもつ、浄土宗の真清寺、集会所を兼ねていた観音堂と、五つの寺院がある。各宗派それぞれの活動と、五井仏教会の統一的な活動があり、五井町や近隣に住む人々の精神的な支えとなっている。

1　長泉寺

正式名称　龍田山長泉寺
開闢（かいびゃく）　　菅原行基大菩薩　神亀年中（西暦７２４～７２９年）
　　　慧心僧都源信　西暦１０１０年ころ、　勧学院の塔中、安養院として
開基（かいき）　　安養院殿方運蓮西大居士（安達藤九郎盛長）
　　　　　　建久年中（西暦１１９０～１１９９年）　天台宗
開山（かいざん）　慧禎禅師　文明１７年（西暦１４８７年）これより曹洞宗
所在地　五井町岡海道７６
歴史
　西暦７２０年代後半に、行基菩薩（ぎょうきぼさつ）の東国遊行の際、自ら観世音菩薩を彫り、庵を結んで供養されたのが始まりと伝えられる。西暦１０１０年ころ、慧心僧都源信（えしんそうずげんしん：平安中期の天台宗の学僧。「往生要集」の著者）により、薬師如来、日光、月光の２菩薩をまつって寺院建造物を整備し、当時の大寺院「勧学院」の塔中（たっちゅう：今の大学でいえば学部ないし研究所）、「安養院」として栄えた。（「龍田山長泉寺歴史探訪」参照）
　鎌倉幕府の重臣で三河の国の初代守護となった安達藤九郎盛長により、西暦1200年、三河七御堂の一つとして整備された。この時、運慶作の不動明王、毘沙門天が安置され、天台宗の中本山として、名実ともに三河の名刹となった。廃寺となった勧学院の後

身とする見方（城南同人著「磯の花」大正１２年）もある。応仁年間（西暦 1467～1469年）、戦乱により建造物は全焼、荒廃した。約３０年後、五井城主松平太郎左衛門は、田原の長興寺から慧禎禅師を迎え、曹洞宗の寺院として再興した。建造物は幕末に焼失し、再興されている。市の文化財である安達藤九郎盛長（あだち　とうくろう　もりなが）の五輪塔、五井松平家五代の墓があり、由緒が偲ばれる。

エピソード
　　市民病院東側の南北の道に立って真北を見ると、五井山麓に寺の大屋根が見える。長泉寺である。
　　道は、そのまま長泉寺へと続く。参道の石段の手前右手に、蓮池があり、その中に作られた小島には小さなお堂が建っている。中には木造の五重の塔があり弁財天が祭られている。ミニチュアの塔であるが、見事な出来で、見る人を楽しませてくれる。蓮池を過ぎると、五井城の城門を移したともいわれる山門をくぐる。

図２　長泉寺山門
Entrance of Chosenji Temple

　　左右に石の地蔵尊が立ち並ぶ通路を通り抜け、ゆるやかな石段を登って行くと、本堂正面の広場に出る。その左手には、行基が掘り「五井」の名前の起源になったとされる井戸がある。その井戸は、今も使われている。なつかしい手押し式で、お参りに訪れる人々に清らかな自然の恵みを与えてくれる。
　　本堂は広く大きな建物であるが、火災で何回も消失し、その都度再建された。幸いにもご本尊は、運び出されて消失を免れた。ご本尊は、勧学院の本尊の薬師瑠璃光如来（やくしるりこうにょらい）を移したものという。ただし、修復の時に、阿弥陀如来（あみだにょらい）の姿に改められた可能性がある。

五井山を背に自然と一体化して、植物の種類も豊富である。秋になると、境内の見上げるようなシイの木から無数の実がこぼれ落ちる。ほおばってみると、この地に古代から人々が息づき永い伝統を築き上げてきたエネルギーを感じる。長泉寺の背後の斜面には、今は無くなってしまったが長泉寺古墳群が存在した。(第二部第3章　長泉寺古墳　参照)

図3　長泉寺本堂
Main Hall of Chosenji Temple

仏像等
1、（脇侍）観音菩薩立像	1体	木造	室町時代
2、阿弥陀如来座像	1体	木造	室町時代
3、（脇侍）勢至菩薩立像	1体	木造	室町時代
4、釈迦如来座像	1体	木造	１６～１７世紀
5、二大弟子立像	2体	木造	江戸時代
6、釈迦如来座像（前立）	1体	木造	江戸時代
7、不動明王立像	1体	木造	室町時代
8、毘沙門天立像	1体	木造	室町時代
9、仏ね槃図	1幅	絹本着色	江戸時代後半
10、頂相像	4体	各木造	江戸時代～近代
11、十六羅漢と大現・達磨大師	18体	各木造	江戸時代
12、十二神将像	12体	各木造	江戸時代

2　常円寺

正式名称　松林山常円寺
開基　天元三年（西暦９８０年）
開山　延宝５年（西暦１６７７年）　真宗大谷派
所在地　五井町堂前八番地
歴史
　　天元三年（西暦９８０年）、三河の国、吉良（きら）岡山城主、多田満仲の子供が、天台宗比叡山で修行し、源賢という名前で五井に寺を建てた。創建時代の名称は、松林山台伝院大燈寺。嘉禎元年（１２３５年）、鎌倉時代の初めに、梶原景末（かじわらかげすえ）の子景永（かげなが）が、親鸞の弟子になり、宗派を真宗に改め、寺の名前も松林山善妙寺とした。延宝５年（１６７７年）には、名前を常円寺に変えた。寺ができてから約１０００年間、住職はずっと多田家が受け継いでいる。

図4　常円寺本堂
Main Hall of Joenji Temple

　　明治から昭和にかけて布教師として活躍した多田鼎（ただかなえ）が在住した寺として有名である。（蒲乃冠者著　社寺（蒲郡市）を訪ねて　第九版　参照）
　　本堂南に北向きの宝篋印塔（ほうきょういんとう：お墓のひとつの形式）がある。五井の大竹昌夫氏の先祖で、西の郡松平に１５歳位で嫁いで亡くなった姫君の墓である。

エピソード
　　常円寺には、以前、天然記念物の大柏（おおかしわ）の木があった。残念なことに、伊勢湾台風で、弱っていた根元の部分から折れ、今はその姿を見ることはできない。台風の翌朝、庭中が倒れた大樹で覆い尽くされていた。倒れてもなお、その枝先は本堂の大屋根を越えていたという。今も、天然記念物を示す石碑が境内の片隅に残されている。その柏の葉でくるんだ柏餅の味を記憶している人も多いだろう。

お寺で、その後木はどうなったか？と、お聞きしたところ、傷んでいなかった部分をつかって、心ある方がいくつかの火鉢を作られたが、そのうちの多くは、傷んでしまった。今は一つ残っているだけで、常円寺のお座敷にだいじに飾られているそうである。この話しをお聞きしたとき、ふっと、ぶんぶく茶釜のはなしを思い出した。歴史のあるお寺には、その時々の、さまざまな思いやエピソードがいっぱい詰まっているんだなあ、と。

　以前は、山号の通りに多数の大きな松に囲まれて、まさしく松林山であったが、松くい虫の被害にあい、今は一本も残っていない。

　四月の常円寺は、桜がとても美しい。しだれ桜がそのなだらかな曲線を見せれば、中旬にはお寺のまわりに植えられたうす桃色の八重桜が重そうなほどに豪華な花を見せてくれる。

　また、常円寺前住職（第５２代）自筆で、手ずから五井町民会館の前に毎月貼り出される心あたたまる言葉は、季節感にマッチして、ノスタルジアにもあふれている。短い言葉ではあるが何度読んでも面白く、翌月が楽しみである。

図5　多田鼎の像
Famouse Buddist Kanae Tada

　多田鼎（ただ　かなえ）は、東本願寺の三羽がらすの一人として知られ、全国的に著名であった。この銅像は、三谷町の信徒の寄進による。

仏像等
　１、阿躰弥陀如来立像　　一体　　　　　　　木造　　　　　　　　江戸時代初期
　２、浄土七祖像　　　　　一幅　　　　　　　絹本着色　　　　　　江戸時代
　３、聖徳太子像　　　　　一体　　　　　　　絹本着色　　　　　　江戸時代
　４、親鸞聖人絵伝　　　　四幅　　　　　　　絹本着色　　　　　　江戸時代

3 　真清寺

正式名称　　　　古城山　真清寺（しんせいじ）
開山　　　　　　慶長１７年（西暦１６１２年）　浄土宗西山深草派
所在地　　　　　五井町中郷八八番地
解説
　　五井城の城跡に立つ小さな寺で、創建以来の建物は４００年近い風雪にさらされて老朽化し、まさに古寺らしい雰囲気となっている。特筆すべきは、五井城の城門だったとも伝えられる古雅な山門で、数十年前までは両側に袖もあったが、今は失われている。また、応急修理はされているが、依然、傾いており、市内有数の古建築である本堂とともに、貴重な文化財であり、完全な修復が望まれる。蒲郡町誌によれば、開祖「鳥雲傳跋和上」とある。
　　西暦１６０３年に江戸幕府が開かれ、その２年後に五井の殿様が旗本として江戸に移った。当時の浄土宗の信徒は、１５世帯程だったといわれる。殿様の活躍や身の安全等を祈念して、信徒達が五井の城の近くにお寺を建てた。ゆえに古城山真清寺という。数年前から無住である。尚、現在の五井における浄土宗信徒の戸数は６０余世帯である。

エピソード
　　境内前の庭に五井唯一の句碑が建っている。
「当麻寺へ道上り行くひばりかな」　小田庄三郎
作者は西郷の小田昌宏さんの祖父の弟である。（昭和１５年没）
　　五井は、古くから俳諧が盛んであり、その伝統は今も続いている。三河の俳人として全国に名を知られた故小田浪花氏もその一人である。
　　数年前までの住職は、その先代住職の奥さんで、先代が亡くなられてから、修行をして、僧侶の資格を得られた。以来、高齢で退職されるまで、一人で寺務をこなされた。自転車に乗って買い物に行ったり、近所の月参りに廻ったり、葬儀、法要等に忙しい中、庭の手入れにも余念がなかった。今はその方も亡くなられた。

図６　真清寺
Shinseiji Temple (Build on the Ruins of the Old Castle)

仏像等

1、	阿弥陀如来立像	1体	木造	平安時代（12世紀）
2、	両脇侍立像	2体	各木造	江戸時代
3、	阿弥陀如来立像	1体	木造	江戸時代
4、	地蔵菩薩立像	1体	木造	江戸時代
5、	阿弥陀如来座像	1体	木造	江戸時代
6、	阿弥陀如来立像	1体	木造	江戸時代
7、	阿弥陀如来立像	1体	木造	江戸時代
8、	阿弥陀如来座像	1体	木造	江戸時代
9、	地蔵菩薩立像	1体	木造	江戸時代（1733年）厨子銘
10、	馬頭観音座像	1体	木造	江戸時代
11、	厨子入仏像群	4体	各木造	江戸時代
12、	善導・法然座像	2体	各木造	江戸時代
13、	弘法大師座像	1体	木造	江戸時代
14、	男女神座像	2体	各木造	江戸時代

4 妙善院（山の弘法さん）

正式名称　　　　五井山妙善院（みょうぜんいん）
開山　　　　　開山年不詳　真言宗醍醐派
所在地　五井町山田八九番地の三一二

図7　妙善院正面
Front View of Myozenin Temple

歴史

　　五井の大池から五井登山道を登る途中にあり、蒲郡町誌の記載によれば、明治45年に豊川より移転されたもので、それ以前の歴史は記録がなく不明。現在の本堂は、元来、庫裡（くり：住職の住まい）として建築されたもので、大正2年3月の竣工である。裏山の谷間から引いた清水を利用し、人工の滝が構築されている。戦中戦後、数十年の

無住の期間を経た後、前住職の手で再興された。

　五井でその時代を知る方にお訪ねしたところによると、昭和初期に、五井の有力者が集まって、五井の観光開発にのりだした。当時日本は不景気で、それを何とか乗り越えようと計画されたものらしい。五井山には桜などの観光用の樹木を植え、中腹の赤別当という場所から蒲郡ホテル（現在の蒲郡プリンスホテル）までをロープウェーで結ぶ計画を立てた。その大スケールの観光開発計画の一環として弘法さんを誘致することになった。そこで、真言宗の僧侶を迎え、村人の寄進によって、お寺が発足した。当時、村の全戸の約半数が弘法さんをお祭りするようになった。境内に注いでいる人工の滝はその当時に造られたものである。

　しかし、運営費の不足に昭和６年からの満州事変が追い打ちをかけた。観光ムードは消え、総合計画は、頭打ちの状態になった。昭和１５年頃、当時の住職は相良の寺へ、息子は豊川の西明寺へ移って行った。その後、寺は管理を任された蒲郡町の職員、後には村人によって運営された。

　昭和２８年（～３０年）頃、先代の住職を迎えることとなった。着任当時は永く人手の入っていなかった荒れ寺で、収入も少く住職自らが働きに出られるなどの大変な努力をされたようである。当代の住職である彼のご子息は、真言宗醍醐寺で修行された。父親の業績を基盤に、寺を立派に整備し、各種行事等も積極的に行っている。

　平成９年の弘法さんのお祭りの日には、数年間続けられていた整備拡張等の工事もほぼ終了して、久しぶりにこの地を訪れた人ならアッと驚くような妙善院をお参りすることができた。過去に大変な時代を乗り越えてきた妙善院だけに、信仰するすべての人々にとって大きな喜びである。

図８　火渡りの行
Hiwatari Ceremony (Running over the Fire with a Japanese Sword.)

　秋の始めころ、(毎年９月第１日曜日) 山伏姿の行者が１０人余参加して、火渡りの一大イベントが繰り広げられる。寺院脇の三河湾を一望に臨む広場で、ほら貝の音が鳴り響く一連の儀式が執り行われ、しばし、山岳仏教の雰囲気に浸ることができる。荘厳な読経に続き、東、南、西、北に矢が射られてから、妙善院住職の手で、日本刀を使って竹が切られると同時に前方へ飛ばされる。

　やがて、うず高く積み上げられた桧の枝に点火される。一気に火勢は強まり、炎が狂暴な姿で荒れ狂って、あたり一面がとても暑くなる。また、白い煙でむせ返るほどになる。住職の精神は読経とともに統一され、日頃のニコニコした表情からは想像できない荒々しくも崇高な状態に到達する。火勢が弱まると、住職は、煮えたぎった湯の中へ葉のついた笹の枝を入れ、それを大きな団扇のように使って自分の体へ熱湯を注ぐ。住職はそれから日本刀をかざして、まだ火の燃えている所を走って通り抜ける。

　そのあと、一般人が通れるように道が作られ、読経の中、お札をもらっては、次々と信者が渡って行く。始めはこわがっていた子供たちも、温度が下がると、大人にうながされて渡ってみる。無病息災を祈っての行事であるが、まだ熱いおきの上を走って渡るのはスリリングであり、緊張が快い。近年は、蒲郡だけでなく、近隣の人々もこのイベントを楽しみに来訪するようになった。カメラを持参する人も多い。

　仏像等

１、阿弥陀如来座像	一体	木造	江戸時代末期
２、誕生釈迦仏立像	一体	銅像	室町～江戸時代初期
３、弘法大師座像	一体	木造	江戸時代
４、不動明王立像	一体	木造	室町時代末期
５、役小角二鬼像	三体	各木造	江戸時代
６、僧形倚像	一体	木造	江戸時代

5　五井・観音堂

正式名称　　　掃鏡庵観音堂 (そうきょうあんかんのんどう)
開山年不詳
所在地　五井町中郷１１６番地
解説

　観音堂は、もとは掃鏡庵という名で、五井城の鬼門 (きもん：東北の方向) の守りとして、新池の西に置かれた。その観音様は子供が好きで、夏になると、子供が新池で水泳ぎする時にその木造の仏像を持ち出して「浮き」にしていたという。その後、仏像が行基 (ぎょうき) 作とされるに至って、子供は堂内立ち入り禁止とされた。ところが、その夏、疫病が流行して、村内全滅に近い有様となった。そこで、協議の末、仏前にうかがいをたてると、「子供が好きなので子供の声のするところへ行きたい」とのこと、それで、村の中心部の現在地に小堂を作って安置したところ、疫病の流行は収まったという。長泉寺の末寺であるが、村が管理し、村の集会場を兼ねていた。(手書き本「五井史」参照)

エピソード

　寺院と集会場の二つの役割を担ってきた五井観音堂は、建物の老朽化にともなって、

昭和６０年に村人達の共同作業によって取り壊され、永きその任を終えた。

昭和６０年〜６１年にかけての新築工事により、同じ敷地に五井町民会館と五井観音堂の２つが建設され、新たなスタートを切った。

　観音堂では、毎月１７日に観世音菩薩供養の法要が、五井町の信仰厚いひとびとによって行われている。昔の名残か、やはり集まる人達のコミュニティーの場所ともなっている。

　その他に、４月下旬の弘法さんのお祭りの時には「はなせんべい」がお参りの人々に配られる。

　旧暦４月８日の花祭（はなまつり：お釈迦様の誕生をお祝いする日）には、寺の軒先まで出されたお釈迦様（誕生釈迦仏立像　銅造　江戸時代）に甘茶をかける昔ながらの行事も行われる。甘茶はお参りの人達にも振る舞われる。各家の仏様にもお供えするために、湯飲みや急須などを手に訪れる人も多い。甘茶の味は、年によって作る人が変わるためさまざまであるが、不思議にもどれも味わいがあって美味しい。現代人の忘れかけているほのぼのとした甘味である。通学途中の五井の子供達が、うれしそうに甘茶を飲んでいく姿をみるのは、また楽しい。

図９　観音堂内部（１７日のお参り）
Kwannon-do Temple (Monthly Ceremony of 17thday)

仏像等
　１、十一面観音立像　　１体　　木造　　　　　　　平安時代（１１世紀）
　２、誕生釈迦仏立像　　１体　　銅造　　　　　　　江戸時代
　３、弘法大師座像　　　１体　　木造　　　　　　　江戸時代

6 六地蔵

　五井には、あちらこちらに地蔵尊が祭られている。六地蔵さんと呼ばれて、親しまれている。六は、仏教の六道（りくどう）を表わす。六地蔵とは六道において衆生の苦患（くげん）を救うという六種の地蔵菩薩の総称である。
　　（１）地獄道を教化する檀陀（だんだ）
　　（２）餓鬼道を教化する宝珠（ほうじゅ）
　　（３）畜生道を教化する宝印（ほういん）
　　（４）阿修羅道を教化する持地（じち）
　　（５）人間道を教化する除蓋障（じょがいしょう）
　　（６）天地を教化する日光（にっこう）
　地蔵菩薩は、子供の守り神として知られるが、葬礼に関係が深いとされ、五井でも、六地蔵尊像は、火葬場や墓場に付属している。

図１０ａ　六地蔵（観音堂境内）
Rokujizou Bodhisattva (Kwannon -do Precincts)

図１０ｂ　六地蔵（西郷、跳ね坂）
Rokujizou Bodhisattva (Hanezaka, Nishigo Area)

六地蔵は普通どの方向を向いてもよいとされているが、五井の地蔵尊はいずれも東向きである。これは、五井の六地蔵の中心に阿弥陀如来像が座しているためである。西方浄土の仏である阿弥陀如来は一般に東向きに安置されることからこのようになったものと思われる。

図１０ｃ　六地蔵（真清寺境内）
Rokujizo Bodhisattva (Shinseiji Precincts)

図１０ｄ　六地蔵（中郷）
Rokujizo Bodhisattva (Nakago Area)

エピソード
　六地蔵さんにはいつもお花が絶えることなく、また誰がされるのかは知らないが、かわいい帽子やよだれかけが掛かっている。昔から身近なところで五井を見守ってきた存在だけに、人々も親しみを持って接しているようである。通りすがりのおばあちゃんが手を合わせて拝んでいかれる姿は、やさしい地蔵菩薩そのものである。

第二章　神社

　五井には、社殿を構えた八幡社を始めとし、無形に近い神々の座所まである。いずれも、人々の生活に深く関わってきており、今も心のよりどころとなっている。

1　五井八幡社

正式名称　五井八幡社
創立年代　久安年中（西暦１１４５～１１５１年）とされるが詳しくはわからない
所在地　五井町字岡海道八十番地
歴史
　　創立年代は明らかではないが、社家記録によると久安年中のようである。その後、三河の国の初代守護となった安達藤九郎盛長が建久元年（西暦１１９０年）に社殿を再興したと伝えられている。その後にも、鵜殿氏や五井松平氏によって再興が繰り返された様子が、棟札の記述によってうかがわれる。
　　また、天正六年（西暦１５７８年）九月十四日には、徳川家康が八幡社を参拝したと伝えられている。社家記録によれば、検地のさい八幡領は四石九斗五升と認定されたそうである。八剣神社、八百富神社、大宮神社、乙姫神社とともに、領内五社の一つと数えられた。
祭神：誉田別尊（ほむだわけのみこと）　神功皇后（じんぐうこうごう）　　大鶮鶏尊
末社：稲荷社　秋葉神社　天神社　熊野神社
内陣：金平大神（崇徳上皇）　牛頭天王（素盞鳴命）　八幡
　（愛知県寶飯郡神職会編「神社を中心としたる寶飯郡史」国書刊行会、１９８２年、p６１２～p６１７参照）

図１１　五井八幡社正面
Goi Hachimansha Shrine

エピソード

　　五井山のふもとに静かに歴史を秘めている。早朝にいつもお参りに訪れる人々もあるが、初詣やお祭りのとき以外には、参拝客はまばらである。しかし、神社の役の人々によって管理され、境内も掃き清められて、五井の守護神として崇拝されている。秋の祭礼は、地区ごとの回り番で運営される。都会ではほとんど見ることのできない紅白の餅投げは、そのメインイベントである。また、元旦の早朝には神社の役の人々によって境内の大釜で造られた甘酒がふるまわれ、冷えた体を芯まで暖めてくれる。

2　金山神社とチンチン石

　　八幡社境内横に金山神社がある。ここには「チンチン石」という、たたいて祈れば金持ちになれるという石が祭ってある。この石は、以前、国坂街道にあったらしいが、五井と牧山（現在の豊岡町）の境界争いにまつわる、興味深い様々なエピソードをもち、神格化されて、金山神社に納められている。（本書第一部第四章2「ちんちん石」参照）金山神社は、平成8年の五井八幡センター開所とともに少し場所を移動して建て直された。現在は、八幡社と八幡センターの間に祠がある。

　　なお、案外知られていないが、チンチン石の正式名称は「宝玉石」という。

　　金山神社のほこらには、他の神々も祭られている。旧暦6月14には、津島神社の花火の祭礼が行われる。各種祭礼の日には、参拝者がたたけるように、チンチン石も公開される。

図12　金山神社正面
Front View of Kanayama Shrine
(Shrine of Chin-Chin-Ishi Stone)

3 五井秋葉神社

正式名称　五井秋葉神社
創立　宝永元年（西暦１７０４年）
歴史
　　町誌によると宝永元年（西暦１７０４年）３月、領主松平玄蕃頭清昌の創立。軻遇突智命（かぐつちのみこと）が祭られている。創建された当初は秋葉権現と呼ばれていたが、のちに、秋葉神社と改称されている。

図１３　五井秋葉神社
Goi Akiba Jinja Shrine

エピソード
　　三河湾スカイラインの五井料金所を入って数百メートル行った左側に、「秋葉神社」の石碑が建っている。そこが、スカイラインからの入り口になっている。急な階段を降りると切り立った斜面に張り付くようにして、こじんまりとした社が建っている。古くは、五井八幡社東側の参道を歩いて登ったものだが、現在その道はほとんど使われていない。（第三章　３（１）旧道・秋葉参道参照）
　　五井秋葉神社は、松平の殿様が、天桂院（てんけいいん）にあったものを五井山の見晴らしのきく険しい中腹に移したと伝えられる。それは、火事の多かった三谷（みや）を救うためだったらしい。おもしろいことに、二つの神様に守ってもらおうと、大島にこれと向かい合うように、たいへん珍しい北向きの秋葉神社を新たに建立したと伝えられている。

4 社口神社（尺地神社）

　西郷の小田電設前、道路を隔てた竹薮の中に、小さな社（やしろ）がある。社口さんと呼ばれる、農地・土地あるいは農業の神様である。もともとは、西郷の小田昌宏さんの先祖がそこにお祭りされたものである。本来、社口ではなく、「尺地」（しゃくち）という言葉がなまって「社口」（しゃぐち）となったもので農地の神様ということがよくわかる。

　現在は、小田昌宏さんを中心として近くの有志の人々によってお祭りされている。年1回、お菓子などのお供えを持ち寄って行われる。

　言い伝え

昔、大風が吹くたびに、なぜか決まって同じところに「社口さん」のお札が飛んでくる。そこは竹薮になっていて、その竹に引っかかる。不思議に思った地主は「これは、社口さんがここに住みたいといっておられるんだ。そうだ、ここにお社を建てよう。」と、尺地神社を祭った。

図14　社口神社
Shaguchi Jinja Shrine

第三章　生活の中の信仰

1　各戸の荒神さん（三宝荒神）

　　日本全国に荒神（こうじん）信仰はあって、一般には、（1）かまどの神、（2）陰にいてそれぞれの人を保護すると信じられている神、（3）西日本で多く祀られている屋敷神。同族祭祀のことが多い。地神。とある。（広辞苑　岩波書店）

　　五井に祀られている荒神さんは、このうち（3）の同族祭祀ではないかと考える。屋敷の北西の角のあたりに、とても古そうな五輪塔が立っている。その多くは道を歩いても見つけることができる。年月を経て、角が丸くなり苔むしたその姿は、長い歴史を物語っている。時々の花が飾られ、その家の守り神的存在である。

　　いつごろ祀られたものかは解らないが、昔は家に死者がでると、その屋敷の内に埋葬されたのであろうか。そのときに墓石として立てた五輪塔が、その後移動されたりもして現在、北西の角に荒神さんとして祀られているのかもしれない。あるいは、村のあちらこちらにあった無縁仏の墓石を移動して、家の守り神として祀ったものかもしれない。

図15　荒神さん
House Guardian Deity

　　いずれにせよ、歴史を秘めてひっそりとたたずむその姿は、五井の生い立ちを語ってくれそうで、そっと耳を澄ましてみたくなる。

2　各戸の弘法さん

　　町内の何軒かの家の中や庭の一角に、いつもきれいなお花の飾られた弘法様がまつられている。門口近くにおまつりしてある弘法様に時々のお菓子などがいつもお供えされていて生活の中の弘法さんを肌に感じることが出来る。

　　ここでは、真言宗の弘法大師（空海）としてよりも、僧形であることから、子供の守り神としての地蔵尊信仰との習合の意味合いが強いのかもしれない。あるいは、当地の寺院の一部が、古くは真言宗であったことの名残かもしれない。

図１６　花せんべいをもらう子供たち(弘法大師供養の日)
Hana-Senbei Festival (Memorial Day for Kobo-Daishi)

エピソード

　四月の末、弘法さんの日は、朝早くから子供の声と人々の足音で目覚める。白々と明け始めると、スーパーマーケットの手提げ袋などを手に五井の路地から路地へと急ぐ。五井には、いまも弘法さんの信仰が生きており、その日は、お参りに訪れる人々にお菓子などがふるまわれる。子供たちの目的は信仰というよりもお菓子をいただくことにある。しかし、それが弘法さんのやさしさだと思えば、何ともありがたい一日である。

　それにしても、弘法さんをおまつりしている方々のやさしいこころねにはいつもながら頭の下がる思いである。私も毎年その日を待ちわびる一人であるが、駄菓子が一味も二味も美味しく感じるのは、やはり弘法さんのご利益であろうか。

　また、妙善院と五井観音堂では、御住職や町内のお世話役の方々によって、昔ながらの「花せんべい」のふるまいもある。古き良き時を思い出すような、ほんのりと甘い味がする。

3　殉国戦士の碑（戦没者慰霊碑）

　五井八幡社正面の道を隔てた反対側に、西日に向かい合うように黒く大きな石碑が立っている。大きな台石が何段かに積まれた上に２メートル以上あるずっしりと重そうな碑が立てられている。遠くで見るとさほどにも思わなかったが、近くで見上げるとその大きさに驚いた。

　昭和２９年に、過去の戦争でなくなった五井の人々を偲んで、五井の人々によって建てられたもので、石碑の裏側には亡くなった人達の名前が刻まれている。日露戦役殉没者、支那事変殉没者、大東亜戦争（太平洋戦争）殉没者とある。多くの人々の名前が読み取れる。

　五井だけでも、それも軍人の名前だけでも数多い。ここに書かれていない子女などの犠牲者もいるだろう。日本中、世界中で考えれば犠牲者は数知れない。こんな悲しい石碑を建てる日が二度と来ないように、これからの世の担い手である我々が心しなければならない。

図１７　殉国戦士の碑
Monument of Martyred Warriors

4　若地の地蔵（わかじのじぞう）

　大池から三河湾スカイラインに至る道沿いに、立派なお地蔵さんが祭られている。
これは、「若地の地蔵」とよばれ、親しまれている。何十年か前、五井の大村さんの内
の一軒が商売を始め、努力した結果大成功を納め、お礼の気持ちからお地蔵さんをた
てた。この場所は、国坂峠へと続く道にあるため、当時としてはお参りする人も多く、
また道標の役も果たしていたと思われる。大村さんは同時期に、五井以外にも二ケ所、
お地蔵さんを寄進している。

図１８　若地の地蔵
Jizou Bodhisattva in Wakaji

5　庚申（こうしん）信仰

　昭和４０年頃まで、五井には「こうしんさん」と呼ばれる信仰があった。庚申（かのえさる）の日の夜眠ると悪いことが起きるという言い伝えから、お参りをしてその夜は眠らないというものである。東郷で盛んだったようだが、観音でも行われていた。

　新池のすぐ東、六地蔵さんの東北２０ｍの所に雑木林があり、そこに小さなお堂がある。「庚申堂」と呼ばれる。木や竹に覆われているために、ちょっと見ただけでは気付きにくい。中には、２体の仏像が安置されている。仏像といっても現在はお生抜き（しょうぬき：仏像などから魂を抜くこと）され、永く人の手が入っていないためにお堂の中も荒れている。しかし、心ある人によってお堂の廻りの雑木が刈られ、中がよく見えた。

　東郷では昭和４０年代まで庚申信仰が行われていたようである。長泉寺の檀家である曹洞宗（そうとうしゅう：禅宗）の家庭が１年毎の持ち回りで当番を勤め、年に１回庚申の日にその家に集まってお参りをした。
「南無　しょうめい　こんごうどう」（正確には南無青面金剛童子の筈であるが、口伝てでこうなったものと思われる。これが、民衆信仰の味でまた良い。）というお経を百回唱える、といわれて驚いたが、もっとすごい。一回唱えるのに、前半は立って合掌（がっしょう：手のひらを合わせて拝むこと）し、後半は床に膝も手もついてひれふす。これを百回繰り返すのだから並大抵ではない。聞いて驚いた私に、太市ちゃんは笑って、「あんたたちと違って昔ゃあわしら、いつも体使っとったで、ほんなん何ともないわ。ワッハッハ。」ときた。全く見上げたものだと、あらためて尊敬し直した。

　このお経には、ステキなメロディーが付いていた。

図１９　楽譜（南無青面金剛童子）
Music Score ("Nahmu Shoumei Kongou Dou")

　床の間などに、庚申さん（青面金剛童子）の掛軸を掛ける。その脇に２本の長い青竹を立て、その間に竹で編んだ棚のようなものを吊り下げる。そこに、「お若（おわか）」と呼ばれるお供え物を乗せる。それは直径１５ｃｍ程のおもちで、周りにはたっぷりのゆで小豆がくっ付けられていた。味付けは全く無い。それを竹の皮やハランに包んで出来上がりである。えしょ（会衆：えしゅ。お参りに集まった人々の意、のなまりか）と呼ばれる、当番に当たった家で用意される。お参りは夜。参拝者は、帰るときにおみやげにそれを頂く。１升（しょう：１升は１.８ℓ）のもち米で８個位できたようである。

　お参りが終わると、「お日待ち（おひまち）」と呼ばれる会食があって、みんなで五目飯を頂く。お酒も出る。９時か１０時頃に終了したそうである。参拝者も３合（ごう：１合は１８０ｃｃ）のお米とお酒を持ち寄った。にぎやかだった。３年に１度程「庚申

堂」でのお参りもあった。五井の農家がミカンではなく、まだ米を作っていた時代の行事である。

　当時お参りに使われていた掛軸も、近隣の市のお寺へ納められたということで、現在五井にはない。

6　虫送りの行事

　昔、五井がミカンではなく稲作を中心に農業を営んでいた頃の行事である。毎年6月下旬田植えも終わった「農休み」の頃、増え始めた稲に「ウンカ」などの害虫が付く。その頃合を見計らって総代の指示で「虫送り」を行った。

　決められた日の夕方、1軒に一人の割合で（当時おおよそ１００軒ぐらい）松明（たいまつ）をもって八幡社へ集まる。親子で参加する人も多く、子供も松明を持った。晩、暗くなって神主さんの灯す灯明の火をもらい、松明をかざして決定したコースを行列で進む。おおよそこんなコースである。

<blockquote>
八幡社→長泉寺の西側→板倉板金→南へ下る→跳ね橋→市民病院
↓
八幡社←神社の灯篭場←川沿いに上る←常円寺の近く←東に進む
</blockquote>

お宮さんを出てお宮さんに戻る。その時歩きながら唱える言葉が興味深い。

　「ウンカの神を送れやー送れ。ウンカの神を送れやー送れ。」

　面白いのは、ウンカという害虫でありながら神様に例えて、「よそへ退いて頂く」と、言っているところである。現在のように虫を殺虫剤で全滅させる、と言うようなものではなく、あくまでも自然と人間が共存共栄する気持ちが伝わってきて、昔の人の優しさを感じる。

　先導には、首に紐付きの皿を伏せたような鐘を掛けた人が立った。カンカンと鳴り響く鐘の音は、虫を驚かせると同時に、暗い夜道を進む道案内であったに違いない。

　真っ暗な中を百数十余の松明の帯が流れていく美しさは、まさに例えようもないものであったろう。

7　お犬さま

　昔、五井山一帯にもイノシシが住んでいて農作物を荒した。そこで、村人が秩父の三峰（みつみね）山に行き、野荒しと盗難避けのおふだをもらってイノシシ避けにした。お犬さまというのは、その時に祭られた犬の形の木の御神体で、五井の西郷の小田昌宏さんの祖父が彫ったものという。素人の作ながら、そのゆったりした風貌には素朴な味わいがある。昔は、秋葉神社のご開帳（4年に1回）ごとに、山腹の「お犬様」と呼ばれる場所から、秋葉参道の大岩の上まで、ほこらごと持って行き、通りがかる参拝者にお参りしてもらったという。現在、金山神社にチンチン石とともに祭られている。

8　雨乞い神事
　かつて、日照りが続くと、五井山頂上付近の磐座（いわくら）を舞台として、雨乞いの神事が行われた。もはや久しく行われていない。五井山の頂上から東へ少し下がった所に二ツ岩神社があり、そこには、雨乞いの神様が祭られている。

第四章　伝承（言い伝え）

　　五井には、よく知られた、いぼとり伝説と、チンチン石にまつわる話がある。いずれも石が関係していることが面白い。五井では、それ以外にも、世に知られざる民話や伝説があり、それらは今も人々の生活の中で生きている。この章には、それらの中でも特に、伝説と呼べるようなものを取り上げる。家庭で親やら子へ、孫へと代々語り継がれてきた民話は、子供向けに編集し、巻末の「五井のおはなし知ってますか」にまとめた。

1　いぼがみ様

　　五井の医王神古墳には、いぼとりの伝説がある。（遺跡については、本書第二部遺跡編の第1章いぼ神様（医王神古墳）を参照のこと。）

　　遺跡には、市の建てた説明板があり、「昔、松平の殿様のお姫様が、たくさんのイボに悩まされた。この古墳の岩の上にたまっている水で洗うと、イボが落ちると伝え聞いて、さっそくお参りをして水をつけるとすぐ治ったということである。以後、この岩神を医王神（いぼがみ）と呼ぶようになった」という伝説が紹介されている。

　　この伝説は、長い時間をかけて形成されたらしく、いろいろな異伝が残されている。以下に、比較的古い形の異説を紹介する。（手書き本「五井史」参照）

（いぼがみ古伝1）

　　医王の神岩（別名：イボ神様）この神様は、五井東郷にありイボを治す神様として不思議な力を持ち、信仰されている。江戸にお住まいになっていた西の郡のお殿様の奥方様に百個の（沢山の）イボができ、医者の力では治らなかった。そのため奥方は、家老に命じて、「殿の領地の西之郡にイボ神様がおられる。そこへ人を送ってお参りして来てください。」と言われた。そうしたところ、七日間でイボがきれいに治った。

　　奥方は早速、お礼の代参を申し付けられた。名代の人は江戸から80里（320km）余りの遠い道のりをはるばるやって来て、お参りされた。そのとき、「このような石が神様とはとんでもない。ばかげたことである。」と、考えてこの岩の上に登り土足で踏みつけた。

　　すると江戸へ帰る途中、体じゅうにイボができてしまったので、びっくりして折り返し、イボ神様の所へ戻って「申し訳ありませんでした。私のイボを取ってください。」と反省してお祈りしたところ、イボがきれいに治った。これ以後、江戸でも三河の医王神として知られるようになった。この地方でも、岡崎や豊橋からもその評判を聞きつけてお参りに来る人も多く、その人達は皆きれいに治ったという。

（いぼがみ古伝2）

　　明治維新より前の話である。徳川幕府の命令で阿波の蜂須賀公が、海岸に近い大岩を探していた。ちょうど見つけた、この医王の神岩を江戸へ送ろうとした。石工に命じて小穴の列をあけたところ、なんと、その夜、蜂須賀公自身が大病になってしまった。諸神にお伺いをたてたところ、「神岩を壊そうとした、たたりである。」とのこと。驚いた蜂須賀公は、とうとう、石を採ることをあきらめたという。その小穴の列は今もいぼ神様の岩に残されている。

2 チンチン石

　八幡社境内横の金山神社に、「チンチン石」が祭られている。この石は、もともと、国坂街道にあった。ある時、里人がなにげなく石をたたいたら良い音がでたので「いい音がするじゃあないか。金のかたまりならさぞよかろうに、金になれ金になれ」とたたいた所、運が向いてきて、あっという間に金持ちになったという。（足立陸男「ふるさと探訪」海雲堂、１９７３参照）

　かつて、五井と牧山（現在の豊岡町）の間で境界争いがあった。牧山の血気盛んな若者たちが、五井の村人にひと泡ふかせようと、御神体として祭られていたチンチン石を深夜こっそり運び出して牧山へ移そうとした。ところが、五井の境界まで来ると、急に重くなり、とうとう諦めて放棄して帰った。チンチン石は、翌朝五井の村人に発見され、神社へ帰ったという。一説には、平田（五井の南に位置する村）の深田に放棄されていたともいう。

　これが一般的なチンチン石伝説である。この事件は、どうやら幕末に実際に起きたらしいが、いろいろな言い伝えがある。以下に列記する。

図２０　チンチン石
Chin-Chin-Ishi Stone (With Variety of Legends)

（異伝１）
　昔、五井登山道の道標より少し東あたりに「たたくとチンチンといい音がして金持ちになれる不思議な石」があった。
　そのころ、牧山では家の無い人々が牧山に来るとご飯を食べさせたり酒を飲ませたりしていた。ある日、その内の一人から、「五井にはたたくと金持ちになる石がある。」と聞いて、牧山の人達が連れ立ってその石を運びだした。そして、ブクブクと泥を噴き出している泥沼に持っていき、その中に沈めてしまった。
　五井の人々がその事を知って取り返しに行き、掘り出して持ち帰った。そして二度

と取られないように神様として祭り、ほこらを造って納めてしまった。（小田卓男氏談）

（異伝２）
　チンチン石がまだ神社に収められず、五井と牧山の境界付近の、国坂街道の山腹にあったころ、牧山の人々は、それを牧山に属すべきものと考え、山から牧山へ持って行ってしまった。五井の人々がとりかえしたが、牧山の某家では、その時に割り取った人頭大のかけらを今も家宝として大切にしているという。（大村俊一氏談）

（異伝３）チンチン石を、夜陰に乗じて、神社からこっそり取って行ったのは平田（現在の平田町）の人々で、石の行方は相当長期にわたってわからず、五井の人々は困り果てていたが、たまたま、平田から夜逃げをする人がいて、その人に路銀を渡して、隠し場所を聞きだし、やっと、取り返せたという。（筆者の家に伝わる話）

（異伝４）江戸末期か明治初期の話である。国坂峠の途中に大きな石があった。その石のそばには立て札があって、「この石をたたくと金持ちになれる。」と書かれていた。街道を通る人々は金持ちになるようにたたいた。ある時、牧山の者達が、その石をどこかへ持って行って隠してしまった。五井の人達は一生懸命行方を探したが、全くわからず困っていた。
　あるとき、牧山の下形（しもがた）地区の住人で生活に困り夜逃げをしようとする者が五井にやって来て言った。「お金をくれたら石の隠し場所を教えてやるよ。」
五井の人達は喜んでその者にお金を与え、石の場所を聞き出した。
　村役の人や金持ち、年長者など、主だった人々が牧山へ石を取り返しに出かけた。男の言ったことは本当で、石を見つけることができた。重く大きな石をみんなで運び、ちょうど五井と牧山の境、長根の峰の上まで来た時のことである。峰の上にチンチン石をおいて皆が五井の方を向き、「石を取り返したぞ。バンザーイ、バンザーイ」と何度も繰り返して叫んでいたという。
　それからというもの、二度と盗まれないように御神体として社にお祭りしてしまったという。（大村ふじさん談）

（異伝５）牧山に伝わるちんちん石
　牧山（今の豊岡町）の下形（しもがた）地区にも、五井のチンチン石にまつわる伝説がある。はじめ、五井と牧山の境の国坂峠にちんちん石があった。それを、牧山の人々は、自分達のものと考え、下形の天王神社にまつった。しかし、五井の人々が来て、その石は五井のものであるとして、持って行ってしまった。やがて、また牧山の人々がその石をとってきて、某家に隠した。しかし、再び五井の人々が来て、大八車にのせて持って行った。その時、割りとったチンチン石のかけらは、今もその家に残されている。
（大場久充氏採録）

　これらの異伝は、それぞれ、具体的な詳細を示しており、事件が本当にあったらしいことを示す。しかし、そこに盛られた情報は、相当に異質な内容を含んでいる。これは、山腹にあった時の事件と、神社に祭られてからの事件との、都合２回あった別の事件をそれぞれ扱っているのかもしれない。この伝説は、愛知の民話としてテキストに収められて久しいが、もっと、豊岡や、あるいは、平田での言い伝えを探す必要があるかもしれない。事件が伝説化する過程は、あれこれ想像するだけで、宝探しに似た楽しさ

がある。事件そのものも、当時の人々の、石の霊力を信じた素朴な心や、村の間の係争のうっぷんばらしが石の争奪戦に発展することなど、現代では考えられず、とてもほほえましい。

3　五つの井戸

　昔（奈良時代）、行基菩薩が諸国行脚（しょこくあんぎゃ）の途中で当地を通りかかった。村に井戸のないのを知り、村人の生活の向上のために、井戸を五つ掘ったという。当時の僧侶は、学問だけでなく、中国文明に由来する様々な先端的技術知識を持って、人々に伝えていた。その井戸は、今も五井の各所に残り、人々の生活の中に生き続けている。これが、五井という邑（むら）の名前のおこりとされている。
　昭和初期まで伝えられた伝承を以下に記す。（小田玉五郎著、手書き本「五井史」参照）
　　・　東郷、弘法山の西、小字行仏（ぎょうぶ）という場所の井戸。毎年元旦の朝、
　　　西の郡の城主が使者を立て、井戸祭りを行ったという。また、この水を五井山上
　　　の二つ岩神社の雨乞い神事に用いた。
　　・　大池の下の田んぼに、小井戸という地名が残されている。ここにある井戸は、
　　　底無しの井戸といわれる。
　　・　長泉寺境内の本堂前にある井戸。
　　・　西郷の住宅地内にある古井戸。（詳細不明）
　　・　東郷の住宅地内にある古井戸。（詳細不明）
　行基の足跡は、信仰とともに、今も村人の心に生きている。五つの井戸は、今のどの井戸かが話題となることもある。五井の井戸の水質は良く、水量も豊かである。

第五章　信仰と結び付いた道（五井登山道）

1　旧道・秋葉参道

　五井八幡社東側から北へ一本の道が伸びている。この道は、秋葉神社を経て、五井山頂へ続いていた。三河湾スカイライン完成前は、春の秋葉神社の祭に、人々がこの道をひたすら登っていった。　途中にある清水を口に含むと、足がまた軽くなり、ゆるやかにカーブした道で谷を横切って、秋葉神社に至る。秋葉神社の社は、道から急な石段で登れるようになっていたが、余りにも急なので、階段を迂回して、横手から社に出るのが普通であった。今はもう石段は崩壊して形をとどめない。

図２１　旧道・秋葉参道
Old Trail, Approach to Goi Akiba Shrine

　社殿東から、道は裏に抜け、そのまま真直ぐ五井山の陵線へ向かう。その道は極めてけわしく、うっかりすると、足がすべってそのまま落ちてしまいそうなほどであった。陵線まで到達しても、そこから五井山頂へは、らくだのコブのような、いくつかの凹凸をこえてゆかなければならなかった。一つ頂上とおぼしき山を越えると、すぐ目の前に、次の山が見え、どっと疲労が増す思いをした。陵線では岩がむき出しになっており、城の石垣のような風情がある。
　やっとの思いで山頂に至ると、北へ向かえば宮地山へ、北西へ向かえば、金割（かなわれ）への下山となる。残念ながら、今では三河湾スカイライン工事で道が分断されてしまい、陵線に向かう道は消えてしまった。

2　新道・赤別当（あかべっとう）への道

　昭和初期、当地が観光ブームに湧いた時期がある。蒲郡ホテルが開業し、五井山とホテルをロープウェーで結ぶという、壮大な計画がたてられた。その計画は完成しなかったが、ロープウェー駅予定地の跡が、「赤別当」である。そこに至る自動車も通行可能な山岳道路が「五井登山道」と命名され、大池の北から大きくカーブしながら五井山

へ向かう。途中には、やはりこの時期に建てられた妙善院（第一部　第一章　4　妙善院　参照）があり、また、もう少し上には、世界最初と銘打った「松葉スキー場」があった。開業当時の絵葉書が今も残されているはずである。

図２２　新道・赤別当への道
The new Road to clime Goi Mountain

図２３　赤別当のファームポンド
The Firm Pond in Akabetto

　このような観光用道路を整備するのには、多くの資材を要した。その一つが砕石である。当時、「りんご箱（現在のような段ボール製ではなく木製）１ぱいで、いくら」という値段を付けて、人々が持ち込んだ砕石を買い取った。買い取り料は村が支払ったらしい。砕石集めは、小使い稼ぎになり、子供達も大きな石を小さく砕いては持ち込んだ。「石割り」と呼ばれていた。この道路の工事は大村組が請け負っていたという。終点の「赤別当」は、駅舎を作ろうとしただけあって、広い平らな土地が切り開かれて

いた。今、そこは豊川用水の貯水池（ファーム・ポンド）に変わっている。そこから見渡す三河湾の風景は素晴しいものであり、当時の人々の意気込みが今に伝わってくる。

「松葉スキー場」のエピソード

　一口に「松葉スキー」といっても、なかなかのもので、今で言う会員制ゴルフクラブのようなシステムだった。裕福な家庭の人や蒲郡ホテルの宿泊客が多く利用していたという。ゲレンデには３メートル位の高さのジャンプ台もあって本格的な造りになっていた。多くの五井の住民には高嶺の花で、そこで滑ったのはごくわずかの人達だった。

　しかし、五井の元気な子供達は、それをまねして自分達で竹を切ってきてスキー板を作った。まず長く板状に削り、先を丸くして曲げようとするところを火であぶって熱を加える。そうやって形を付ける。ちょうど大きな茶杓（ちゃしゃく：お抹茶用のスプーン）を作っているような感じである。できたスキー板を持って、そのゲレンデではなく、近くの松葉の沢山落ちているところをうまく使って、「松葉スキー」を楽しんでいた。今の子供達ではとてもまねできないような技術を昔（６５年ぐらい前）の子供達は日常生活にあたりまえに用いていたことになる。また、スキー場のメンテナンス作業は、五井の人達の片手間の仕事になっていたという。

　当時、ここに遊びにきたブルジョアジー達の乗り物は自転車。「その自転車をお預かりします。」という、駐輪場を商売にする五井の農家も現われた。

図２４　スキー場跡地
Former Ski Resort,　(Skiing on Fallen Leaves)

第二部　遺跡編

1　いぼ神様（医王神古墳）

　　東郷を東西に抜ける道、大池のほとりの北側付近に、医王神古墳への入り口のたて看板がある。細い登り坂を少し上がると視界が開けて、大きな桜の木のあるこんもりとした土盛りに出会う。医王神古墳つまり「いぼ神様」である。規模としては、さほど大きなものではないが静かな中に独りたたずむと、そのずっしりとした石組みは、飛鳥の石舞台への感動に変わらない。ここに眠るのが、誰だかはわからないがさぞかし身分の高かった人だろう。おそらく、西の郡一帯を支配した豪族のものに違いない。

　　ところで、「医王」というのは、本来医者の王様つまり薬師如来のこと。医王神古墳と名付けられたのは、後に、いぼ取り伝説と、発音の類似していることから、うまく結び付けられたものであると思う。（伝説については、本書第一部第四章1参照）

〔市指定　史跡の説明書き〕

市指定史跡　　　　　　　　　医王神古墳 古墳時代後期と推定される。径10メートルの円墳である。 昔、松平の殿様のお姫様が、たくさんのイボに悩まされた。この古墳の岩の上にたまっている水で洗うと、イボが落ちると伝え聞いて、さっそくお参りをして水をつけるとすぐ治ったということである。以後、この岩神を医王神（いぼがみ）と呼ぶようになったという伝説が伝わっている。 この地域には、ほかに、八基の古墳（五井古墳群）があったことが確認されているが、すべて滅失されている。古墳らしい姿を残すのは、この古墳だけである。 昭和三十二年一月十日指定　蒲郡市教育委員会

図25　医王神古墳
Ibogami Ancient Tomb (Known as " Wart Deity")
(With a Myth of Healing Skin Disease of a Princess)

　そのほかにも、西の郡のお姫様がいぼで悩み、ここにお参りした。その帰りに石につまずいて転んだところ、いぼがすっかりとれたという民話も伝えられている。

　　医王神古墳は、東郷の小田治司さん所有の土地にあり、治司さんがお祭りしている。

2 五井城趾

　八幡社の前の池は、五井城の堀の一部といわれている。昭和の終わり近くまで、池の東南部から東西に伸びる土塁が残されていて、往時をしのばせたが、破壊に先立ち、昭和62年から63年にかけて、蒲郡市教育委員会によって正式に発掘調査された。

　現在も、池の南に続く、堀の跡とおぼしき土地の造作から、真清寺あたりを大手門とし、その北の高台を中心として、館が営まれていた様子が彷彿として浮かび上がる。城の東は、現在では、道路を伴う人工の用水となっているが、往時は堀の一部を形成していた可能性もある。真清寺の山門が五井城の門であるとも、長泉寺の山門がそれであるともいわれる。戦国時代の実戦的な城館として、尾根から伸びる山すその台地を削って周囲に掘を作り、土塁と竹やらい（竹をX字に組んだ防御のための垣根）を巡らした程度のものであろう。廃城の後、400年を経てなお、その造作の跡が見えるのは興味深い。

　平安末期、新宮十郎源行家が居城していたと伝えられる。五井鵜殿（うどの）氏の代々の居城であったが、やがて、鵜殿氏を滅ぼした松平忠景の居城となった。その後、五井松平6代忠実が関東に移封して廃城となった。

図２６　五井城跡
Ruins of Goi Castle

新資料

　現在、五井城跡に住む大村俊一氏より、幼少時の付近の様子を記憶に頼って書き記した絵図を借用した。この一画は、通称、「しろやしき」の地名で呼ばれている。また、ご本人より、詳細な状況をお聞きすることができた。氏の自宅入り口の倉庫付近は、かつて、東西に長い水田になっていて、その水田の北側は、2間（約3.6m）ほどの高さの石垣（南向き）となっていた。今は埋め立てられているが、掘れば石垣が出てくるはずという。また、氏の家の裏手も同じく東西方向の深い水田で、その北側に高い石垣（南向き）があったが、それもそのまま埋められたという。

　屋敷の東にも南北に長い湿地があり、竹薮となっていたが、その東に高みがあって、後々まで残っていた北部の土塁の続きが崩壊したと解されるという。また、その土塁

は、屋敷の北側を東西に走る道路で分断されていたが、その南側にも続きの部分が残存していたという。（図中のKは長さの尺度「間」の略号）

この遺跡図の詳細は、広島市立中央図書館浅野文庫所蔵の古地図に良く符合する。さらに、お宮池の東端は、そのまま東西に長い水田になっていて、その東端に高い石垣（西向き）が南北に配置されていた事など、古地図に無い詳細も知ることができた。

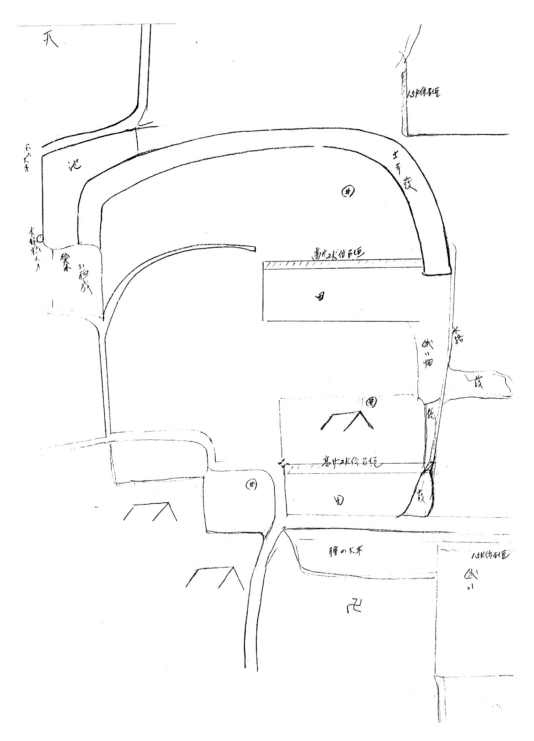

図２７　五井城遺跡図（昭和初期の状態を復元、大村俊一氏作画）
The Map of the Ruins of Goi Castle (Representing Circa 1930)

3　長泉寺古墳

　　長泉寺の背後の斜面には、長泉寺古墳群が存在した。この古墳は今は残っていない。昭和初期に発掘され、土器が出土した。現在、２個の須恵器（すえき：５世紀後半から日本で作られた、陶器に近い硬質の土器）が寺に残っている。古墳の位置は現在の位牌堂の下である。（蒲郡市誌 p107 参照）

　　長泉寺の裏山には他にもいくつかの古墳があって、江戸末期にはまだ石室が完全な形を残していたが、開墾の途中で取り壊されたらしい。本堂正面向かって右手の、大海と霊山をかたどった石組みがあり、羅漢（らかん：仏弟子）像が多数配置されている。ここに、裏山の古墳群の石室材料が多く使われているようである。（長泉寺住職談）

　　古墳群のあたりの農道を散歩してみると、風通しと見通しの良い南北斜面で、五井山からの水をもたらす小川や湧き水もあって古代の人々が集落を形成するのにふさわしい土地柄であったことがわかる。北側に屏風のようにそびえる山は彼等に、外敵による攻撃からの安全と自然の恵みをもたらし、南は、今よりずっと近かった筈の海が、魚介類等の豊富な食料をあたえていたものと思われる。

図２８　長泉寺本堂前の庭園
The Rock Garden of Chosenji Temple

4　五井古墳群

　　旧国坂峠の入口付近に観音様の道標がある。（第三部第二章（４）〔観音様の道標〕参照）　山道のほうを登ると、五井の古墳群に当たる。そのほとんどは破壊されてしまったが、火の穴と呼ばれる古墳のみ、今も前方後円墳の痕跡をとどめている。また、この付近には、行仏焼（ぎょうぶやき）と呼ばれる、古釜の遺跡があったが、みかん畑の開墾で破壊されたという。（手書き本「五井史」参照）

〔火の穴古墳に関する伝説〕
　　昔、山岳宗教の修験者達は、諸国を慢遊して見聞を深めていた。五井にも立ち寄って村人達にこう教えた。「天から火が降って来ることがある。その時逃げ込むために、地

面に穴を掘っておきなさい。」彼等は高い山のある五井の地形を見て（見誤って）、火山地帯の知識を教えたのではないだろうか。あるいは、流星雨のことを教えたかったのかもしれない。

　火の穴は、その構造から見ても墳墓に違いないが、その言い伝えと穴のある古墳の形とが結び付いてしまったようである。ゆえに、「火の穴」という変わった名前で呼ばれるようになったと思われる。ちなみに、この穴は、人が入る穴という意味で、「人穴」とも呼ばれる。

5　草競馬場跡

　昭和初期〜１２年頃の話である。当時、軍隊の強化のために軍馬（軍事または戦争で使う馬）が必要であった。そのため五井でも馬を飼っている家が多くあり、軍馬として使えるように飼いならされていた。

　現在、長泉寺の北側、安城農林高校農場との境あたりに、東西の道がある。以前、そこが「通し馬場」（とおしばば：まっすぐな競馬場）になっていて、春の農閑期にはよく草競馬が催された。馬場は、現存する道路より広かった。たいそうな人気で、近隣からも多くの人が集まったそうである。五井には東郷にもう一つ馬場があったが、にぎわったのは長泉寺北の馬場だったと聞く。

　競馬というとサラブレッドに鞍を乗せた姿を想像するが、五井で飼われていた農耕馬に裸馬（はだかうま：鞍をつけない馬）のまま乗り、競争するものであった。今も名残をとどめるその道に立つと、砂ぼこりを揚げるひづめの音や、人々のわきたつ歓声が雄大な五井山にこだまするような気がする。

6　安達藤九郎盛長の墓

　長泉寺境内には、三河の初代守護となった安達藤九郎盛長の五輪搭（墓）がある。守護とは、今でいえば、県知事にあたる。幕府からの任命であり、その権威は絶大であった。五輪搭の脇に、市指定有形文化財の説明書きがある。

> 安達藤九郎盛長五輪搭は、建久５年（１１９２年）三河の国に守護がおかれたとき、初代守護になった。長泉寺は藤九郎が普請奉行となって建立したもので、このほかにも、吉良の今蓮寺、鳳来寺、豊橋の普門寺、財賀寺、法言寺、大塚の全福寺（廃寺一礎石が市指定史跡に指定）を建立したり、保護の手をさしのべて、のちに三河七御堂として栄えた。五輪搭は、五つの石を組み合わせて建てられたものである。方（地）、円（水）、三角（ひ）、半円（風）、円（空）を表わす五大（ごだい：この世の全ての生物を生存させる最低限の基本要素）を形どっている。
>
> 　藤九郎は正治２年（１２００年）この地に歿し、縁故の最も深い長泉寺に墓を建てたものである。
> 　昭和三十二年一月十日指定　　　　蒲郡市教育委員会

図２９　安達藤九郎盛長の五輪搭（墓）
Adachi Tohkuroh Morinaga 's Grave

7　五井松平五代の墓

　松平郷から南に進出した松平（まつだいら）一族は、やがて西の郡にも進出してきた。五井松平初代元芳、二代元心、三代信長、四代忠次、五代景忠、の墓が、長泉寺境内に仲良く一列に並んでいる。関東へ移封（いふう：領地換え）になって以来、五井との直接の縁は切れた。

図３０　五井松平五代の墓
The Graves of Goi Matsudaira Clan

8　集落の形成と葬送

　かつて五井には四つの火葬場が存在した。無論、現在の蒲郡市営の火葬場ができる以前のことで、そこで村人による火葬が行われていた。時代とともに場所が移り、最後に行われていたのが、跳ね坂の火葬場である。かつては、村が字単位で独立して行事をおこなっていたらしく、火葬場についてもそれぞれが持っていたのであろう。その名残として、東郷、中郷、西郷の３箇所に蓮台（れんだい）が残されている。観音地区の蓮台は古くに失われたようだが、六地蔵は移築されて、観音堂前にある。

　現在、各都市にあるような火葬場は、いずれも都市の中心部から少し離れた丘陵地などが多いように思われる。しかし、五井の火葬場跡の場所から考えると、その当時としてはメインストリートあるいはその近いところに配置されているのは、当時の葬送がすべて親戚や村人達の手によって執り行われていたため、不便なところではなく、街道沿いの便利な場所になっていたものと思われる。また、生と死に関する感覚も現代とは違って、彼等にとって、死は今よりずっと身近なものとして考えられていたようである。

　令和２年３月に起きた、東郷の石仏盗難事件は、何者かが、金に目がくらんで盗みだして売り飛ばしたと思われる。チンチン石と同じく石の盗難ではあっても、伝説とは逆に、暗くすさんだ現代人の心性を印象づけ、とても悲しい。その犯人は近在の人ではありえないが、日本人が宗教心を失い、また、死者や超自然的存在への畏敬の念を失ったことを端的に示す事件である。

9　小丸山古墳

　五井の東端、豊岡との境あたりに小丸山古墳がある。詳しい調査は未だされていないが、原形をとどめる数少ない古墳の一つである。副葬品等は盗掘されてしまったらしい。昔から言い伝えがあり、この古墳に近付くと良くないことがおこるとされている。

第三部　自然・生活編

第一章　自然

1　五井山

　　五井山は五井町の北側にそびえ立つ蒲郡で一番高い山である。標高は４５４．２ｍ（二番目に高い遠望峰山は４３９ｍ）。そのほか代表的な御堂山・三ケ根山などとともに、三河隆起準平原の一部をなす。（蒲郡市誌参照）ほぼ峰線をもって北側の岡崎市・音羽町・御津町との境をなす。頂上に立つ大きな通信用鉄塔は蒲郡の多くの場所から見ることができ、五井山の象徴のようになっている。斜面は急で、屏風のように波打っている。山頂にはパラグライダーの飛翔台があり、青空を背景にして色とりどりに浮かぶ姿が見られる。

図３１　五井山
Mount Goi

　　南側と北側では気候的な差は大きく、蒲郡側は温暖で雪も少ない。山を越えて岡崎市側に出たら雪、ということも多い。北から吹いてくる冷たい風や雪雲をさえぎり、蒲郡に温暖な気候をもたらしている。しかし、そのため頂上付近は、気流の乱れが大きく水蒸気が雲となって雪や雨を降らせやすい。同じ五井町の中でも住居地と山頂では、気候を異にすることが多くある。平成９年１月２４日に起った五井山でのヘリコプター墜落事故はまだ記憶に新しいが、頂上付近の気候が大変厳しいことを物語っている。平野部が好天でも、そこでは雪雨のことが多く、岐阜県の関ヶ原に例えて、「小関ヶ原」と呼ばれる。

　　一方、南斜面は太陽をふんだんに浴びて海風の当たる温暖な海洋性気候となり、特産の「蒲郡みかん」のおいしさを作り出している。自然にはカエデやクヌギなどの広葉樹林帯で、一部植林によって、スギ・ヒノキなどの針葉樹もある。また、かつて多くあったマツはマツクイムシの大きな被害にあった。

三河湾スカイラインの開通や住居環境の拡大、みかんの栽培、その他さまざまな要因により、もともとの植性が失われつつある。我々の目で見てもセイタカアワダチソウはかなりの範囲に広がっているし、6月ごろから夏にかけてはヤナギハナガサの紫色の花を裾野のあちらこちらに見かけるようになった。

　新しく広がりを見せている多くは帰化植物（本来、日本に有ったものではなく、外国から入ってきた植物）であって、もともとの植生を壊していく恐れが多い。植物群が変化すれば当然動物にも影響が出る。今後、五井山に何らかの手を入れようとするときは、事前に植性を調査しできる限り本来の植性を破壊しないようにしなければならない。

　東三河の植物に詳しい大町忠久氏によれば、現在五井山では、帰化植物であるコシロノセンダングサ（小白の栴檀草）の分布拡大が著しく、注目しているとのことである。

　動物については、
　　　哺乳類：ニホンザル・タヌキ・イタチ・コウモリ・ノウサギ・ノネズミなど
　　　鳥類：キジ・ウズラ・サギ・ウグイス・ヒヨドリ・フクロウなど
　　　は虫類：マムシ・ヤマカガシ・アオダイショウ・トカゲ・カナヘビ
　　　　　　　クサガメなど
　　　両性類：トノサマガエル・アオガエル・ウシガエル・イモリなど
　　　魚類：カワハゼ・コイ・フナ・モロコ・ハエ・ドジョウ・メダカなど
　　　甲殻類：サワガニ・アメリカザリガニなど
　　　昆虫：カブトムシ・クワガタムシ・コオロギ・アオスジアゲハ・キタテハ・
　　　　　　　アシナガバチ・スズメバチ・アキアカネ・タガメなど
　　　貝類：(陸性) カタツムリ (水性) カワニナ・タニシなど
　　　その他：ムカデ・クモ・ミミズなど

　これらは、比較的多く見られる代表的なものを例としてあげたのみである。このほかにも、数多くの動物が見られる。しかし、近年カラスの大群・ヒヨドリの異常な程の繁殖なども見られる。上記の水生動物は、多く裾野に見られるものであるが、サワガニについては、中腹の清水で確認できる。動物についてもやはりアメリカザリガニなどの外来種が広がりを見せている。

　また、この頃では野犬も多く見かけられ、動植物への影響が懸念される。

「将来に向けて」

　自然は人間に、美しい水や空気、さまざまな味覚、心の安らぎなど多くのものを与えてくれる。五井山も太古から五井の人々を育み続けてきた。これからもずっとそうあってくれるように、感謝と畏敬の気持ちで五井山と接していきたい。そのために、日常私達のできる心がけは多い。

　自然保護の立場から、むやみに動植物を持ち出したり持ち込まないことは大切である。　また、大規模な森林伐採は洪水・土石流災害だけでなく、蒲郡市の悩みの種でもある水不足も招く。

　なお、農業の立場からすると一概に自然保護とばかりもいえないが、自然の動植物の生存できないような環境では、農業もむずかしい。人間と自然がうまく住み分けて、共存共栄を図れるような努力が必要である。

2 西田川

　川の少ない蒲郡にあって、五井の西の境を流れる西田川は、多少とも川らしい存在である。とはいえ、懐の浅い五井山からの流れでは、流量は多くは望めない。しかし、懐の浅さが災いして、時に下流で氾濫する荒れ川でもある。かつては、この川のほとりには、大木が立ち並び、延々と続く林を形成していた。しかし、今や、河川改修事業のためにそれらの大木はことごとく失われてしまった。堤防がコンクリートで固められてしまい、もう、昔のような、子供たちの遊び場にはなれないが、失われたものだけではない。

図３２　西田川
Nisidagawa River

　かつてこの川は、工場排水でしばしば汚染されていたが、今は、排水基準が守られるようになり、水の色が透明になった。それにより、魚の群れをなして泳ぐ姿が川岸からたやすく見られるようにもなっている。また、それを食用にするウシガエルやシラサギ・ヤマカガシ・アオダイショウなども生息している。

　ホタルの食料であるカワニナ（淡水貝の一種）が生息できることにより、数が少ないながらも夏の夜には青白いホタルの光も見られる。しかし、農薬の使用や家庭排水等による汚染も多く、１０年前に比べても明らかに数が減っている。無数のホタルの乱舞を子供たちや昔のそれを知る人々にもう一度見せたいものである。

「将来に向けて」
　コンクリートブロックによる堤防工事は、泥の中に生息するカメや自然の水際の穴をすみかとするサンショウウオなどの生物の生息を不可能にする。また、川岸に生きる植物やそこに生きる動物も住めなくする。今後の工事にあたっては人間の利益のためだけでなく、ひっそりと人間より以前からこの地に暮らしてきた生き物たちも、幸せに生活できるような配慮が是非とも必要である。護岸工事をしないというわけではなく、環境にやさしい新技術を進んで取り入れてほしい。

3　五井の大木

　　五井には、かつて、人家の近くにも何本もの大木があった。それらは、昭和３０年こ
ろから１本また１本と失われてゆき、今は数えるほどしか残っていない。社寺の境内
にも、神木とよべるような大木があったが、その幾つかは失われた。
　　常円寺の大柏（天然記念物）、八幡社の夫婦松（徳川家康手植えと伝えられる）、長泉
寺の槙など、特に有名なものから、観音堂裏手のヤマモモ、大竹家の松、樟、西田川沿
いの松並木などなど、相当数が失われた。寿命や自然災害による枯れ死もあるが、道路
工事や水道工事、また、池や河川の改修に伴う破壊など、残念なものもある。
　　しかし、まだ、特筆すべき大木は残されている。五井山中腹の大杉である。秋葉神社
参道にあり、周囲５メートル、高さ１６メートルある。昔の人が山神の怒りを止めたと
いわれていて、今もその木の勢いは盛んである。これ以外にも、常円寺の椎、八幡社の
むくろじと桜、長泉寺の桧や杉、椎などは、健在であり、山里の自然を感じさせてくれ
る。

〔大杉の保存について〕
　　あるとき、八幡社の改修で、大杉を資材として伐採しようとしたことがある。これに
対し、小田昌廣さんの先祖が、他の２軒（小田幸廣さんの先祖、小田裕司さんの先祖）
と共同で、その木を購入して寄付した。こうして、以後、永久に保存するように対策し
た。その時の村との契約書は、今も、五井町総代の保管文書として保存されている。昌
廣さんは、子供のころからその話を聞かされてはいたが、自分が総代になったとき、そ
の古文書を見出して感激したという。（小田昌廣さん談）
　　（補足：本書第３巻、III-26 に「大杉覚書」として掲載。大正５年の出来事であった。）

4　五井山の巨岩怪石と古地名

　　五井山中には、いくつもの大きな岩があり、それぞれ、固有の名前を持っている。門
岩、切岩、蛇岩、船岩、天狗岩、八五郎岩、富士岩、二ツ岩などである。これらは、多
く伝承を伴う。いくつかの伝承は採録されているが、やがて失われる日が来るだろう。
そうならないうちに、伝承とともに、所在地を確定しておく必要がある。ハイキングす
る人が岩をながめながら伝承と結び付けて楽しむ姿が目に浮かぶようである。（補足：
蒲郡山友会のR5年調査で明治24年地図の山頂近くに神社記号を発見。現地探査によ
り、仲仙寺参詣道の途中にある観音堂の上の沢にある巨岩が二ツ岩候補に浮上した。）
　　五井山の他の地名も、採録を急ぐ必要がある。沢の名として、行仏沢（ぎょうぶざ
わ）、入江（いりえ）、さる沢、さぶ沢などが知られ、また、とおね峠なども地名として
文献に見える。五井山自身も、その姿から、「五峯山」とも呼ばれることがあったよう
である。（補足：「五峯山」の読み方はよくわからない。長泉寺の最初の名前が五峯山神
聖院だったと古文書 [註：本書の第三巻、「神社誌] に記載がある。他地域の複数の寺
院での「五峯山」の読み方を参考にすると「ごぶさん」と読むのが妥当と推測されるが、
三峯神社などの読みを考えると、「いつみねやま（さん）」、あるいは、「ごぼうさん（ざ
ん）」、と呼ばれた可能性も否定できない）
　　沢や峰の名だけでなく、明治初期に五井全山を「山田」の地名に統一した為に失われ
た古地名を可能な限り復元する努力が望まれる。地名は無形の文化遺産である。

第二章　生活

1　昔の生活

（1）五井町の名の由来

五井という地名の由来には、諸説ある。以下、箇条書にする。

（A）行基菩薩が、当地を通ったときに、５つの井戸を掘った。その古事に由来するとする説。この説は、五井では、昔から言い伝えられており、最も広く信じられている。（第一部第三章２の（３）「五つの井戸の伝説」の項参照）

（B）井は井戸ではなく、その字の形から、東西南北に通ずる交通の重要拠点を意味する。すなわち、お互いに交流する地という意味で、「互井」と呼んだ。その名に由来するとする説。

（C）五井の山向こうには、「御油」（ごゆ）という地名がある。五井（Goi）と御油（Goyu）は元来、同じ名（Goy）であり、その意味は既に失われたとする説。御油の東方に、「下五井」という地名があることがこの説の補強材料である。

（D）（C）説と似ているが、五井、御油、下五井は、元来同じ五井であり、かつて、官位の「五位」を得て「五位」を名乗った一族がこの地方一帯を支配していた名残であって、「御油」は途中で変わったとする説。（なお、御油には「五井橋」が存在する。）

〔地名学的考察〕

地名学の教える所では、地名は極めて良く保存され、人種や民族が入れ替わっても、元の地名が伝えられるという。五井の地名も、あるいは、先住民の言語で解釈できるのかもしれない。使われた文字は、語源を探る上で決定的ではない。なぜなら、和同６年の『延喜式』で、「おおよそ諸国部内の郷里等の名、みな二字を用い、必ず嘉名を取れ」と指示されているからである。

ちなみに、「地名用語語源辞典」（樟原祐介、溝手理太郎編、1981)をひもとくと、
ごい〔五位、五井〕
　(1)ゴウ・ヰで「川」を意味する語を重ねた地名か。
　(2)オイ（意悲）の転（吉田東伍の説）．
　(3)オイ（負）の意か。
　(4)オ（接頭語）・ヒ（樋、川の意）という地名か。
　(5)ゴユ、コユの転。⇒ごゆ
　(6)ゴウ（川の意）・ユ（水の意）の約で、河川を意味する同義語を連ねた地名か。
　とある。
また、同書の御油の項には、
ごゆ〔御油〕
　(1)御油田の略で、寺社の灯明油に当てられた田の意か。
　(2)ゴヰ（五井）の転か。⇒ごい
　(3)動詞コユ（崩）から、「崩落地形」を示す地名か。
　(4)動詞コユ（越）から、「峠道を越える所」の意か。
とある。「ごい」の項には「ごゆを見よ」、「ごゆ」の項には「ごいを見よ」とあり、どちらが先とも決め難い。

上書の編者達を含む、「古代地名語源辞典」（1981 年、東京堂）では、こゆ（児湯）

の章に、「コユ、ゴユという地名が各地にあるが、いずれも峠路にのぞんだ地、および、その付近の山名である。コユは『越ゆ』の意か。」
と記載されている。当地では、川は考えにくいので、峠ないし崩落地形の方がまだしも適合しそうである。

　五井と御油は発音上、相当に違いそうな気がするが、実際に御油から五井へと変化した例がある。それは、豊橋の下条西町の五井で、中世にそこに「御油」村があったが、近世に「五井」村となったという。（日本地名大系２３巻「愛知県の地名」1981 参照）

　全国には、「ごい」の地名そのものは決して多くない。全日本地名辞典 1996 年版（三省堂）では、何故か、わが五井町が抜けており、

　　　富山県西礪波郡福岡町五位
　　　千葉県市原市五井
　　　千葉県長生郡白子町五井
　　　愛知県豊田市猿投西町字五位
　　　北海道中川郡幕別町字五位

があげられている。

　これ以外に、奈良県橿原市五井町がある。
角川の地名辞典もこれ以上を教えてはくれない。

　本質的な問題として、五井は、果たして村名か、それとも山名か、どちらが先か、がある。五井山のふもとにあるから五井村なのか、五井村の裏にあるから五井山なのか、という疑問である。本当のところはよくわからない。この問題を含め、より本格的な分析を行うには、全国小字地名の徹底的調査が必要であろう。

（２）昔の蒲郡の政治・文化的位置

　蒲郡は三方を山に囲まれて他の都市と独立した環境の町である。そのため、周りの市町村とを結ぶ道路も大変少なく、交通機関にも不便な点が多くある。

　ところが、平安時代頃には蒲郡（当時の西の郡）は、文化的にも、交通の面でも比較的重要な地域だった。それは、当時の交通システムの中心が海上交通に頼っていたからである。陸上交通による運搬の割合は、人力か牛馬によるほんのわずかだったはずである。その点、船舶は一度に大量の貨物を輸送でき、長距離の運搬も可能となる。

　その意味で西の郡は、天然の良港に面し、重要な交通の拠点であった。また、三方を囲む山々は、現在では交通の妨げとなっているが、かつて、特に戦国の世には天然の要害（ようがい：とりで）となっていた。敵にとっては山を越えて攻め込むことは、大変難儀であり危険も伴うことになる。また、この山と海のおかげで、気候が温暖なことも、生活する上で大変有利な点であった。

　鎌倉期の初代守護の墓が当地に残されたこと、また、彼が復興したされる７つの寺院の分布の中心が当地だったことは、当時、軍事上の理由で、ここが三河の中心的都市だったことを物語っている。室町以降は、地方分権が進んだこともあって、当地も地方的な存在となった。

（３）昔の五井の政治・文化的位置
　〔概要〕
　蒲郡全体が、地理的条件により、２（昔の蒲郡の政治・文化的位置）で述べた様な、政治・文化的背景を持つ土地柄であった。その中における五井の位置を考える。

現在でもそうであるように蒲郡は三方を山に囲まれて隣接の町へ抜けるのにも限られた道による山越えが必要である。今は自動車があって比較的楽に山越えできるし道路自体が良く整備されトンネルもある。しかし、昔は山道を荷物を持って徒歩で登り降りし、無論今のように整備された道ではなかった。また、自動車のように、ほとんど天候には関係ないと言うわけにはいかなかった。それでも、現代人の感覚とは違って、国坂峠越えは、比較的楽な山越だったと想像される。

　五井は、そんな山越えの街道への入り口に位置している。あるいは、山を越えてきた人々のホッと安堵の場所でもあった。

　江戸〜明治にかけての五井のメインストリートは、西から言うと、西田川を渡って跳ね坂を通り、古道を抜けて長泉寺からまっすぐ前の道と交わる。ここは一つの重要ポイントだったらしい。そこから町民会館前を通って五反田の道を北へ上がり大池の北側の道を抜けて国坂峠に至る。

　それ以前には、勧学院（今の石山神社の前あたり）から長泉寺に至り、国坂へ抜ける道を通っていたものと思われる。山のふもとに沿った道で、自然発生的に古くから使われていたはずである。

〔助郷〕（すけごう）

　江戸時代、参勤交代のために、東海道を整備する仕事を割り当てられていた。この賦役（ふえき）を助郷という。それは完全に無償であり、貧しい五井には大変な重荷であった。五井は赤坂宿の担当で、国坂峠を越えての重労働であった。人だけでなく、牛馬も自分もちであった。ちなみに、形原の人々の担当地域は藤川宿で、大変な苦労を強いられた。

（4）街道と生活

〔街道〕

　かつて、五井を通っていた街道として、お伝馬（てんま）街道（別称：御油街道、国坂道ともいう）と平坂（へいさか）街道がわかっている。

　お伝馬街道は西の群（にしのごおり、旧蒲郡町）から平田・牧山・五井・国坂峠を経て東海道御油宿に至る道である。〔助郷〕（すけごう）で述べた農民達は、この街道を通った。いつこの道が作られたかは明らかでないが、鎌倉時代（１１８５〜１３３３）の三河の国の守護安達藤九郎盛長の建立といわれる長泉寺、五井八幡社、国坂峠を越えての熊野神社、御油神社などが道沿いにあることから中世（日本史では一般に鎌倉幕府の成立から江戸幕府の確立までをいう）には主要道となっていたと考えられる。この道の起点は西の郡町の秋葉神社である。そこから国坂峠までの距離は約２.８ｋｍ、幅２.７ｍ程であった。（歩け歩け蒲郡歴史散歩編集委員会編「歩け歩け蒲郡歴史散歩」参照）

　平坂街道は下記で述べる跳ね橋、跳ね坂、古道を通って国坂へ抜ける道といわれる。我々の生活には馴染み深い。平坂街道は西の郡で二股に分かれ、その内の北側の道が五井を通っていたといわれる。

〔道の構造〕

　五井は高台に位置する。このために、道路で他地域と結ぶには、盛り土をして、堤道を築かなければならない。もしそうしないと、雨の時には道が冠水してしまうし、周囲の低い土地との高低差があるために、道のどこかに階段を設けなければならなくなる。

階段では荷馬車が通れず交易に不便である。こういう訳で、五井の道は、すべて盛り土されて田畑より高く作られている。

〔跳ね坂と跳ね橋〕

　まず、跳ね坂であるが、その付近の西田川には詰所があって、そこに橋がかかっていたらしい。西側の橋詰（はしづめ）という地名はそういう意味を持つらしい。

　その橋と詰所は関所のような役割を持ち、国坂峠を通って西の郡に出入りする人々を監視する役目も持っていたはずである。面白いのは、そのために橋の構造が跳ね橋（はねばし）になっていたらしいということで、それがいま「跳ね坂」と言う名前で名残を残しているものと思われる。

図３３　跳ね坂
Hanezaka Slope

〔古道〕

　古道は、跳ね坂を登って東西に伸びる、昨今新しい民家の建設がされてきた通りである。古道とは国坂へ通じる古い道という意味で、この呼び方からもこの通りが昔からの街道だったことを示している。

〔宿屋〕

　古道と長泉寺の正面の道の交わる角あたりに、宿泊施設と売店を兼ねた店があったとされる。街道を通る旅人を泊めたり必要なものを売るところで、さほど大規模でもなかったらしい。

　それにまつわる「おりきさん　と　ねこ」や、「絵描きの宿代」の話がある。（巻末「五井のおはなし知ってますか」参照）

〔札木：ふだぎ〕

　宿屋のすぐ北側、交差点に立て札が立っており、「札木」と呼ばれた。長泉寺で行われる行事や連絡が書かれていたものである。その立て方が面白く、地面に米俵型の大

きな石が置いてあって、その上部に棒の刺せるような穴が開けてあった。その穴に、立て札の棒を立てて連絡事項を伝えていた。その石が今どこにあるのかは解らないが、時代劇に出てきそうなほほえましい風景が想像される。身近に情報を得られる掲示板であり、道標の役目も果たしていたことであろう。また、そのあたりの場所も「札木」とよんでいた。

〔常夜灯〕
　秋葉神社の石灯篭（とうろう）が、観音堂の東にあった。その灯篭は、今は八幡社の前に移されている。戦前は、各戸持ち回りで、灯篭の火ぶくろに菜種油を入れ、文字どおり、常夜灯として、朝まで光をともしていた。油を入れる作業を、子供たちも手伝った。秋葉神社に火災安全を祈った習わしである。戦後は、裸電球に変わり、街路灯として暗い夜道を照らした。今は光を放っていない。

〔屋号〕
　五井には、今でも過去の屋号で呼ばれる家が何軒かある。こうや（紺屋：染め物屋）、かじや（鍛治屋：農機具等金属加工業）くるまや（水車屋：水車を用いる精米業）、ばしゃや（馬車屋：馬車を用いた運送業）、などである。これらの屋号は、五井の村が、農業を中心としながらも、街道沿いに位置していたことを示すものである。

〔観音様の道標〕
　五井の村落をやっと抜けていよいよ国坂峠（くにさかとうげ）にさしかかる所、つまり国坂の登山口に観音様の道標がある。一見、普通の石仏のように見えるが、よく見ると観音様のわきのところに「左山道右ごゆ」と彫られている。この地方にある道標とほぼ同時期の文化頃（１８０４〜１８１８）のものと推定される。現代では、見落としそうな存在だが、当時はもしその道標が無いと、左の山道を国坂峠越えの道と間違える人が多かったことだろう。（伊藤天章著「蒲郡風土記」参照）
山道のほうを登ると、五井の古墳群に当たる。
　とても残念なことに、令和２年３月に盗難にあい、３年後の現在も戻らない。

図３４　道標の馬頭観音像
Kwannon Bodhisattva of a Guidpost

〔溜め池〕

　蒲郡は山と海がせまり、非常に急傾斜な地形となっている。そのために降った雨は
ゆっくりと地面に浸透することなしに、急流となって川を下り、海へ流れ込む。五井は
その代表的な例とも言える。以前と比べれば水田が減少して利用度は減っているもの
の、現在も農業が溜め池に依存する度合は大きい。

　また、溜め池にはもう一つ大きな役割がある。地形上の急傾斜は豪雨の時、短時間で
川の増水を招き、被害をもたらす。溜め池は、水の流れを緩和するクッションとなっ
て、一時に川が増水したり氾濫を招かないようにする。以前は中島池と新池がつなが
っていて、二重の緩衝の役割を果たしていた。

　水源に乏しい五井では、溜め池が、過去、六つ作られていた。小池、大池、中島池、
新池、お宮池、鎮守池である。このうち、小池は古くに埋め立てられてほとんど忘れ去
られた。中島池は近年埋め立てられて、粗大ごみ置き場に変わっている。鎮守池は、長
泉寺の山門脇にあり、蓮池となっている。かつて、これらの池は、うっそうとした大木
に囲まれていた。今は護岸工事もされ、明るく見晴らしがよくなったが、昔のような風
情はない。

（５）近代の生活
　　五井の生活は、昔と近代が大きく変革したわけではなく、ゆっくりと変化をしてきたと思われる。なぜなら、我々の住む現代の中にも多く昔の名残を見ることが出来るからである。これは、開発に取り残されたというのでなく、都会に見る殺伐とした環境にならずに済んだと、喜ぶべきことである。ここには、明治以降の生活で、エピソード的内容のいくつかを記す。

〔五井の憲法〕
　　明治４年、五井の憲法ともいうべき、「村内処理規定５ヶ条」が制定された。７９名の戸主連名で、項目は、おおむね次のとおりである。
１、農荒（のあらし＝畑あらし）
２、家尻切盗、悪党（どろぼう）
３、村山盗材（村人共有の山から資材を盗む事）
４、持山盗材（他人の所有の山から資材を盗む事）
５、美通（密通）
これらは江戸時代の慣習法をそのまま伝えるものであろう。（蒲郡市誌、p448 参照）

〔うどん屋〕
　　昭和初期（１０年頃）には、五井には２つの店が並んでいた。両方とも「うどん屋」で同時に駄菓子屋も営んでいた。１軒は現在の「五井の店」の位置で、小田勇さんの祖父母が営み、「五井のうどん屋」と呼ばれた。勇さんは子供の頃、祖父に頼まれて橋詰（はしづめ）まで手打ちうどんの配達に行ったという。もう１つは大村ふじさん宅の位置で、ふじさんの父親の「なおたろうさのうどん屋」であった。なおたろうさんは近くに住んでいた独り暮らしのおばあさんに、うどんの残りや切れ端などを、毎日二玉分ずつ分け与えたという。前者は北向き、後者は東向きであった。「五井のうどん屋」は後に、クリーニング屋となった。
　　このことから、街道がその時代も重要で、当時も続いていた前述の〔屋号〕の商売も含めて、地の利を生かした生活が営まれていたことがうかがわれる。

〔旧青年会場付近〕
　　後にみかん出荷場が建てられる場所に、青年会場があった。平屋の東西に長い建物で、中は３室に仕切られていて、一部は土間であった。本来、若者の集会場として作られたようである。建物の西前には常夜灯が１基建っていて、東前には、立て看板型の掲示板があった。建物の東には精米場があり、モーターからの動力が長いベルトで伝達されていて、子供の目にはとても怖く見えた。
　　青年会場の前は当時としては広い道路で、その南は用水だったが、用水に沿って桜の木が植えられていた。この桜は、昭和初期に赤別当への道に植えられたものの一部である。戦後は、青年会場でそろばん塾が開かれたこともある。また、卓球場としても使われたことがある。その時の卓球場のネットは今も五井に残されている。

〔歌舞伎小屋〕
　　昭和初期から昭和３５年頃まで五井八幡社境内に「歓楽座」と呼ばれる歌舞伎小屋が常設されていた。建物は大きく立派なもので、花道も付いており役者がそこを通って演技した。回り舞台にもなっていて本格的だった。大道具、小道具すべて五井の人々

によって作られていた。

図３５　歓楽座
Kanrakuza (Kabuki Theater in Goi, now lost)

　　五井山麓の自然の傾斜を利用した観客席にむしろを敷いての観劇だった。つまり、舞台が北向き、観客が南向きである。観客席の場所取りは、くじびきで決められ、いい場所の人は翌年には後ろの方の席になるようなシステムだった。また、観客はそれぞれの家庭で作った割子弁当を持って行き、みんなで楽しんで食べた。各家庭にあった携帯用の割子弁当セットは、持ち運びに便利で、とても重宝されたという。
　　役者も五井の人々で、農作業のあいまなどに練習に余念がなかった。
「○○さんのやられた○○役はよかったなあ」と村人達の間で評判になった。

図３６　もち投げ
Mochinage Festival
(Throwing Mochi Cakes made of Rice)

「歓楽座」での歌舞伎は戦前までだった。戦後はこれといった娯楽の無い時期で、大衆演劇の劇団がお祭りの度に訪れ、近郷近在の観客でにぎわった。
　その跡地は五井子供遊園地になっており、八幡社の秋祭りにはそこにやぐらが組まれ、氏子のもち投げで賑わう。

〔第二次世界大戦〕
　それまで日本は、「戦争に勝つ国」として世界にも国民にも考えられてきたが、この大戦によって一変した。戦争による心の傷は、日本のみならず世界中に今も残っている。「二度と、戦争はしない。」と心から言えるのも、その惨状からであろう。五井からも多く徴兵（強制的に兵役に着かせること）され、戦争に行ったり、戦死された方もある。また、「学徒動員」（がくとどういん）といって、小学校を除いてそれより上の学校の生徒は軍需工場で働かされた。
　しかし、五井は農村であるため都市の人々より、生活面では恵まれていたかもしれない。まず、爆弾が落ちなかった。だから、これによる死傷者がでなかった。古い建築、遺跡、文化もそのまま残った。次に、食料があった。都市では本当に食べるものに困り、「やみ」と言って、農村などに秘密で買い出しに言った。これは、戦後にますます激化した。五井ではやみ買いに来た人に、余った食料を着物などと交換してあげた人達もいる。
　とはいえ、そんな五井でも今だに、戦争の悲しい思い出を抱いて生活している方も多い。この思いを布石に、人類が二度とこのような惨劇を味わうことのないようにしなければならない。

〔三河地震〕
　第二次世界大戦中の昭和２０年１月１３日、深溝津断層が動いて、西浦・形原あたりを震源とする三河地震が起った。震源付近では多くの死傷者を出した大災害だった。しかし戦争中、しかも日本の敗戦色が濃くなってきた時期だったため、戦争に対する意欲がそがれることを恐れて、地震に関する報道は禁止された。
　五井でもかなりの揺れがあった。阪神大震災で経験されたような「ピカピカと稲妻が走り、ドーンという大きな音がして、そのとたん大きな揺れに襲われた。」という。しかし、戦争の真っただ中で、なおかつ五井の人は実際の戦場を知らなかったことから、戦争と間違えられた。戦役を終えて帰還した元兵士が、「艦砲射撃（かんぽうしゃげき：軍艦から陸地を攻撃すること）、艦砲射撃だ。」と大声で走り回ったことで、村人は敵の攻撃だと思い込み、その時は地震だとは思わなかったという。
　幸いにして、地盤の硬い五井では被害が小さかった。柱が少し傾いたり、障子やからかみに亀裂が入った程度で、死傷者や家屋の損壊などは無かった。被害の点から見ると、昭和１９年秋の駿河湾を震源とする東海地震の方が大きく、その時は墓石が倒れた。しかし、余震の心配もあり屋外に地震小屋（じしんごや：掘っ建て小屋）を造って、しばらくそこで生活したという。
　戦争中ということで詳しい調査もなされず、報道管制されたことにより資料も少ない。当時の詳しい記録が残っていれば、今後の地震対策にもおおいに役立つので、残念である。

〔戦後〕
　第二次世界大戦が昭和２０年に終わると平和は訪れたものの、全国的に食料事情は悪かった。それでも五井町は農村であることからその点は有利だった。その頃既にミカン栽培が行われていたが、稲作もある程度行われていた。五井でも戦後のベビーブームに生まれた子供は多く、現在「団塊の世代」と呼ばれる中年世代となって五井の農業を支えている。

〔牛の爪切り場〕
　戦後の昭和３０年頃まで、大池の西側の道から入って南側に共同の牛の爪切り場があった。そこは広場になっていて、牛の場所を固定するための一組のΠ型の木が立てられていた。平行に並んだその木の間に牛を入れてつなぎ、伸びすぎた爪を切るというものであった。これにより、その頃まで五井の農耕に牛が使われていたことがわかる。

〔豪雨と山崩れ〕
　昭和４９年７月７日に、東三河一帯に大雨が降り、大変な被害があった。蒲郡でも、五井山の頂上付近から山崩れが起きて、国坂の登り口にまで大岩や大量の流木が流れ落ちた。その爪痕は、その後何年も頂上から麓までの細長い茶色の山肌として残った。筆者の家は、その流れ落ちた最後の場所に小さな山林を所有していたが、「あの山は、昔から５０年に１回くらい山津波が起きる。いつも木を切り出そうとするころにちょうど流れてしまう」と言い伝えられていた。その時も、「杉や檜もよく育ったから、そろそろ切り出そうか」と言っていた矢先に土石流に流されてしまった。現在、その土地は国道２３号線バイパスの一部になっているが、将来にわたって警戒が必要である。

〔古地名・小字（こあざ）地名〕
　現在の五井町の住所は、五井町民会館の場合、「五井町中郷１１６」というように、やや大きい範囲で区分けされ、細かくは番地で示されている。しかし、以前はもっと細かい小字の地名が随所にあり、生活に密着した地域の呼び名として使われていた。町民会館の周辺は、「大字五井字中郷観音」という具合であった。小字の呼称の中には今も生きているものもあるが、徐々に消えつつもある。
　古い地名は、そこに生きた人々の歴史が刻まれている。また、その土地の場所や特性をよく表しているので、学問上、大変重要視される。また土地の特性をよく表すことから、災害の予防等に役立つ場合もある。地図に収録されて、正式の地名となった小字名には、殿街道、岡街道、古道、五反田等がある。伝承されている古地名には、下五井、門前、観音、札木、はね坂、山屋敷、等がある。

〔戦後の通学風景〕
　戦後（昭和３０年位まで）は物資が少なく、学校へ行くのもなかなか大変だった。通学には、下駄や、「わらぞうり」を履く子が多くいた。また、低学年では「ちゃんちゃんこ」を着たりして通学した。
　当時の東部小学校の制服は、男子は学生服、女子は緑色のスモックだったと記憶している。男子の髪型は丸坊主がほとんどであった。
　雨の日には「みのかさ」をきて通学した。しかし、少しずつ現代風の物資や生活が浸透してくる時期でもあった。

図３７　今日の通学風景
Today's Fashion of School Boys and Girls

〔給食〕

　小学校には戦後でも給食制度があった。子供達にとって給食はとても楽しみなものであった。しかし、現代の給食メニューとは程遠いもので、おかずは「おから」が多かった。豚の油身の浮いたびしょびしょのカレーは、最高に美味しいメニューであった。アルマイトの器につがれた「脱脂粉乳」もその当時の思い出の味である。

　しかしながら、そんな給食のおかげで栄養改善がなされ、日本中の子供達が体力を回復していったことはいうまでもない。

図３８　今日の、蒲郡東部小学校給食風景
Today's School Lunch Time Scene at Gamagori Tobu Primary School

2　現代の生活

（1）五井町の人口
　平成9年6月現在の人口の分布は次のとおりである。

地域	世帯数	人口
東郷	33	156
中郷	25	103
観音	24	110
西郷	45	202
合計	127	571

　ちなみに、元治元年（1864年）の戸数は78軒、明治8年（1875年）には88軒に寺院と神社を合わせ計91戸であった。
　平成9年6月現在の姓（名字：みょうじ）の分布（戸数）は次のとおりである。

	東郷	中郷	観音	西郷	合計
小田	14	8	15	17	54
大村		11	4	5	20
大竹			3		3
鈴木	6			1	7
本多				4	4
竹内	2			2	4
足立				3	3
小林				2	2
その他	11	6	2	11	30

（2）農業
　周囲の風景が著しく変貌しつつある中で、五井は現在も農地・山林の占める割合が多い。林業を営む人は少なくなったものの、農業に従事する家庭は多い。
　代表的な産物はやはり「うんしゅうみかん」で、五井の風景の一つでもある。5月には、五井じゅうが白いみかんの花の甘い香に包まれる。そのほか、甘夏みかんなどかんきつ類の栽培が盛んである。
　また、稲作の水田も随所に見られる。収穫期がみかんとずれることなどから、みかん農家で米を栽培している場合が多い。100年近く前にみかん栽培が導入される前は、もともと、この地域は稲作地帯であった。養蚕も盛んであった。民家の構造が中二階（ちゅうにかい）になっていることに養蚕業の名残を見ることができる。
　しかしながら、昔のように家族全員が農業という家は減り、兼業農家が多い。そのため農業従事者の高齢化等の問題も起ってきている。
　そんな中で、従来の農業とは違った方向を取り入れる農家も増えた。温室を使った農業の進出は著しく、その代表的なものが「蒲郡温室みかん」である。これは初期投資額が大きく、温度管理・室内環境整備等、毎日のメンテナンスが大変であるが高収入につながった。働き手の確保できる農家などは次々「温室みかん」に移行している。温室

は、みかんだけではなく、「いちご」「洋ラン」「つま菊」などがある。そのほか、キウイフルーツ、食用や付け合わせにするための折々の花や葉、鑑賞用の花なども作られている。今後、五井の農業も時代の流れや世代交代などで進む方向を模索せざるを得ない。コンピュータによるハイテク農業導入の方向も考えられる。選択肢はさまざまであるが、自然との対話が楽しみであるような農業経営がめざせるとよい。

図39　色づいた温室みかん
A Green House of Mandarin Oranges

（３）五井町民会館
　　昭和61年から機能し始めた五井町の公的場所。主に町や公的組織の集会等に使用されているが、町民ならば私的（あるいはそれに付随した）活動にも使用できる。
　（使用料規定有り）　　所在地：五井町中郷116番地

図40　五井町民会館
Goi Public Hall

昭和６０年以前には、それまで同じ場所にあった旧五井観音堂が信仰の場と集会場を兼ねていた。老朽化にともない昭和６０年に五井町民の手によって取り壊され、町民会館着工の運びとなった。その時点で旧観音堂は「五井町民会館」と「五井観音堂」に分離して隣接の建物になった。
　必要時のみの開館。郵便ポストもここに設置されている。

（４）はちまんセンター
　五井町に市民病院を建設することに関連して平成７年に蒲郡市より寄贈された。八幡社の隣にあり、主に子供の遊び場として使用されている。公的にも使用される。この建築にあたって、金山神社が移動した。

図４１　はちまんセンターとむくろじの樹
Hachiman Community Center and an Old Mukuroji Tree

　はちまんセンターの前にあるムクロジの大木は、昔、五井の人が四国まで出かけて行って苗を入手したという。昔はその実の果肉が石けんの代わりになり、黒い種は正月の羽子板遊びの羽に使われた。貴重な巨木であり、これからも大切にしたい。

（5）五井児童遊園地

　八幡社・はちまんセンターの前にある子供の公園。すべり台、ぶらんこ・のぼりぼう
などの遊具もある。子供会の手で毎月そうじされる。
「コンピュータゲームも少しはいいけど、外で元気に遊ぼうね。」

図４２　五井児童遊園地
Goi Childs' Park

（6）五井部落放送

　「五井部落放送。みかん組合からお知らせします。」『五井の音の風景』ともいえるこ
の言葉は、五井町という名になってもなお、部落放送の名で親しまれている放送施設
を通じて流されてきた。

　五井のお祭り・子供会などのイベント紹介から「広報蒲郡」、重要なものとしては、
災害などの緊急放送に至るまで、幅広く利用されている。

　ほとんどの放送が町内の人によって行われるため、誰の声か見当が付くのは面白い。

3　変わり行く生活

（1）記憶に新しい長根橋

　平成７年に取り壊され現在の交差点形式の道路に変わったのは、五井町民にとって
まだ新しい記憶である。昭和６年に建設され、東郷から豊岡を経由して平田へ伸びる
立体交差の主要道路として機能した。まだ道路の立体交差は珍しいころで、モダンな
五井の景観をつくり出した。やがて他の道路網の整備にともなって、この県道の重要
性は減って農道風に使われるようになった。その果たす役割は大きかった。しかし、押
し寄せる時代の波には逆らえず、姿を消した。

　豊岡方面から来て、長根橋をくぐると「五井」に入るという感覚は、多くの人が持っ
ていたものだろう。常円寺参拝の人々にとっても、表参道の入り口とも言えた。

　長根の峰は、自然の形で五井と豊岡を分岐し、そのまま行政区画としている。その自
然を大きく破壊せず、両方の町を最短距離で結び、なおかつ五井の南北も直線で結ん
でいたのが、あの立体交差であった。

構造面から見ると、橋は、制作過程で高度の技術を要する。材料への力のかかり方が均一でないと、崩れてしまう。成功すれば大変な強さを発揮する。

　長根橋は五井の構造物として、画期的な意味を持つものであった。しかし、自動車の往来が激しくなり、制作当時は広かったはずの橋の長さが、下を通る道のネックポイントとなった。

図４３　長根橋（豊岡側より）
Naganebashi Road Bridge (View from Toyooka Cho)

　ツタのからまった橋げたと周りの木々からは一見、石橋に思えるが、コンクリート橋であった。橋脚部分を囲んで石垣になっていた。こんもりとした樹木に囲まれたその姿を思い出すと、しばし、ノスタルジックな気分になる。橋のたもとの白い名札には、変体仮名で「ながねばし」とあった。

　五井でもこの橋を知らない子供達がだんだん増えつつある。すべての移り行く事象についていえることだが、その事を知っている人々が、その存在の事実と価値観について正しく記憶にとどめ、次世代に伝えていかなければならない。また、今後の様々な計画や建設についても、過去をただ否定するだけでなく、それまでの経緯や価値を考え、過去への畏敬の念を持って、進められなくてはならない。この様に考えると、長根橋の存在と消滅の持つ意味は重大である。

（２）五井みかん集荷場

　町民会館のとなりの「みかん集荷場」は永く五井みかん組合のみかん集荷施設として使用されてきた。約４０年間、集荷の季節には大型のトラックが日に何度もおとずれて、各農家から「みかんふご」につめ持ち込まれたみかんを運んでいった。平成９年に神ノ郷町に大きな集荷施設が完成するのに伴い、その任を終える。跡地は、道路の一部となる。「五井部落放送。みかん組合よりお知らせします。ただいま集荷の車が参りました。本日の積み込み当番『観音』の方、急いで出荷場へお集りください。」懐かしい放送になった。

図４４　五井みかん集荷場
Stock House of Mandarin Oranges

（３）五井の店

　　クリーニング店からひきつぎ、昭和２８年から平成９年に至るまで４３年の永きに
わたって五井町でたった一つのショッピング施設であった。食料品・雑貨・文具・たば
こ・切手などの日常品をそろえて、交通の不便な五井の生活を助けてきた。五井の店の
豆腐のおいしさは評判だった。

図４５　五井の店
Goi Shopping Store

　　ここ何年間かは、自動販売機のみの販売となっていたが、とくに農作業で乾ききっ
たのどには冷たいジュースがありがたかった。たばこの自販機に集まる五井の「おと
くいさん」も多かった。また、五井にたった一つの公衆電話とポストもここにあり、多
数の利用者があった。

しかし、道の拡張工事に伴い取り壊された。店の「おじさん・おばさん」も引っ越して東郷の新居に移った。

（４）青年会場
　平成９年には現存する建物でありながら、若い人や子供では、この名前を知らない人も増えてきた。子供たちの間では書道教室とも呼ばれていたようである。実際、近年では、書道などの教室に利用されていた程度で使用頻度は少なかった。五井の店に隣接するこの建物は以前は集会などに利用されていたが、その機能は五井町民会館に移行した。また、精米場も付属し、五井の農家でできた米を自家用に精米していた。

図４６　青年会場
Young people's House

　この建物の床下が案外深い暗渠（あんきょ：おおいをした水路。灌漑、排水などのために地下に設けた溝）になっていたのを、知らない人は多い。
　この青年会場も道の拡張に伴って、平成９年に姿を消す。この建物の前身として、かつて、みかん出荷場の所に細長い平屋の青年会場があったが、出荷場の建設に伴い取り壊された。写真の建物は、防火水槽の上に蓋をして、その上の空間に小さく新築されたものである。

（５）安城農林五井農場
　正式名称　愛知県立安城農林高等学校五井農場
　創立　　　昭和７年　　愛知県蒲郡農学校五井農場として
　　　　　　昭和４６年　愛知県立安城農林高等学校五井農場として
　廃止 平成１０年３月
　長泉寺の北側斜面一帯が安城農林高校の農場である。長泉寺の東側の道を登ると安城農林の木造の建物が見える。といっても、校舎のようなものではなく民家風である。敷地の入り口には、柱に掛けられた板に愛知県立安城農林高等学校五井農場とある。また、入り口左側に花こう岩のりっぱな石碑が立っている。「五井農場由来碑」と書かれ歴史が読み取れる。
　昭和７年に愛知県蒲郡農学校（県立蒲郡高校の前身）の時代に、長泉寺の所有地を借

りて五井農場を創設したのが始まりである。当時はかんきつ類ほか色々な作物の栽培を手がけたらしい。その面積は１町歩（１㌶）と記録されている。

　昭和１２年、当時の校長伊藤潤元氏は、この地がかんきつ栽培に適することに気付いた。地方産業の開発・学校の発展のために拡張計画を樹立。学校ぐるみでこれに取り組んだ。そして、かんきつ類を中心とした８町歩（８㌶）の農地を開墾し軌道に乗せた。昭和１９年のことである。

　この成果は、蒲郡かんきつとして一般農家にも広がり、郷土名産のいしづえを築いた。その後、蒲郡農学校は、県立蒲郡高等学校農業科に組織変更になった。

　昭和４６年には、蒲郡高校農業科の廃止となり、この農場は、そのまま県立安城農林高校に引き継がれることになった。

　今日に至るまで農業教育と啓蒙活動に努力した安城農林も平成１０年をもって五井の地を去る。学校のバスに乗った高校生の姿が見られないのは、少し寂しい。

図４７　安城農林高校実習農場
Goi Firm of Anjo Agricultural High School

（この石碑の図は、令和５年に撮影した最新写真）

図４８　五井農場由来碑(蒲郡蜜柑発祥地記念碑)
Monument at the Birthplace of Gamagori Mandarin Oranges

Ⅰ－69

（6）市民病院

　五井の新しい顔、市民病院が平成７年１０月から動き出す。同時に今まで無かった新しい道路や信号も造られ、五井変革の一節となる。

　外来のフロアーは、ゆとりをもたせ緑の植物も多く取り入れられている。入院病棟から見渡す360度のパノラマは、北に五井山、南に三河湾、東西に広がるみかん畑や緑の田畑である。先進医療もさる事ながら、その心洗われる絶景は何よりも病気を回復させるものかもしれない。以下に概要を記す。

所在地　蒲郡市平田町・五井町地内
現住所　蒲郡市平田町向田１番地１
敷地面積　48,709 ㎡
構築物　　本館（鉄骨鉄筋コンクリート造陸屋根８階建）
　　　　　エネルギー棟・院内保育所・看護宿舎・廃棄物庫・ボンベ庫
駐車場　600 台（乗用車）　　駐輪場　200 台
病床数　一般病棟　342 床
　　　　特定病床（解放型病床）　40 床
　　　　伝染病棟　8 床
　　　　合計　390 床
診療科目　内科・神経科・神経内科・呼吸器科・消化器科・循環器科・小児科・外科・整形外科・形成外科・脳神経外科・胸部外科・皮膚科・泌尿器科・産婦人科・眼科・耳鼻咽喉科・リハビリテーション科・放射線科・歯科口腔外科・麻酔科・臨床検査科

図４９　完成間際の市民病院
Gamagori City Hospital (Under Construction)

市民病院の特色としては、
・外来診療科増設（神経内科・呼吸器科・消化器科・循環器科・形成外科・胸部外科）
・個室率の向上（19.9%→28.8%）
・開放型病床の設置
・病棟の患者食堂の設置
・展望食堂の設置
などがあげられる。

補足Ａ　初版出版以降の２６年間にできた新施設など

道路

　　三谷から豊岡を経由し五井の中心部を貫いて橋詰、神ノ郷へと抜ける道路が拡幅整備されつつある。これに伴って、豊岡から五井へ抜ける道の上にあった長根橋は廃止された。珍しい道路の立体交差であったが、風景が一変して長根橋は人々の記憶からも薄れつつある。さらに、現在は五井山の山麓を東西に貫く国道２３号線のバイパスが完成間近である。完成後は騒音や大気汚染、水の減少など、環境への影響が生じないか懸念される。

図５０　国道 23 号線　五井トンネル開通見学会
Tour of the Opening of the Goi Tunnel, National Road Route 23

五井登山道

　　五井町から五井山頂へ向かう旧登山道は、昭和 48 年の三河湾スカイライン開通によって分断され、スカイラインより上は廃道になった。その後、スカイラインが有料道路から一般県道へ変更（平成 18 年）された後も、その状態が続いていたが、平成 25 年に蒲郡山友会の人たちの努力で、八幡社から秋葉神社を経て山頂へ向かうルートと、ファームポンドから尾根筋を上がるルートが再開された。（一部は新ルート）それによって、登山道はよく整備された。これによって、国坂峠を過ぎて裏山から車で仲仙寺を経て頂上へ至るドライビングルートだけでなく、南側からの登山も楽しみやすくなった。

ふれあいバス（とがみくるりんバス）（コミュニティーバス）

　　交通機関が不便な五井町を通る地域バスが令和元年に開通した。
JR 三谷駅発、三谷駅着で、右回り左回りで運行されている。
　　五井町には、五井眺海園、五井町民会前、五井の里の３つのバス停があり、一回 100 円で乗車できる。週３回運行からスタートし、令和５年４月からは火、木、金、土曜の週４回運行となった。毎日運行ではないが、交通手段の無い住民にはありがたい。

学校

蒲郡市立　ソフィア看護専門学校

　平成１１年４月、３年課程全日制看護専門学校として、五井町に新築移転。
蒲郡市民病院に隣接したこの学校は、市民病院との繋がりも多く、看護実習生も、病院
内で多く勉強に励んでいる。学校の登下校には、若い男女の楽しそうに歩く姿も見られ、
高齢者の多い（高齢化の進む）五井町には嬉しい景色である。

図５１　ソフィア看護専門学校
Sophia Nursing College

２つの介護施設

（１）五井の里（介護老人保健施設）

　　設立　　　平成１５年
　　利用者　　入所
　　　　　　　通所　　　デイケア（通所リハビリ）
　　　　　　　短期入所

図５２　五井の里　　（介護老人保健施設）
Goi no Sato (Health Facility for the Elderly)

南に三河湾、北に五井山を望む日当たりの良い南向きの緩やかな勾配斜面にある。この建物は、街の様子やみかん畑も見渡せ、良い環境に立地している。

　施設では、毎年夏に「五井の里夏祭」を行ってきた。入所者家族との交流会があり、五井町からも毎回、総代以下役員一同がお手伝いに出ていたが、令和２年頃からの新型コロナウィルス感染症流行により、ここ数年間は中止になっている。

（２）五井眺海園（特別養護老人福祉施設）
　　　五井眺海園デイサービスセンター（指定認知症対応型通所介護、
　　　　　　　　　　　　　　　　　　指定認知症対応型通所予防介護）
設立　平成１８年
鉄筋コンクリート造（一部鉄骨造）２階建て
入居人数１００名（一人部屋 100 室、内特別養護８０室、ショートステイ２０室）

図５３　五井眺海園、同デイサービスセンター
Goi Choukaien (Special Nursing Home for the Elderly)

　五井山のふもと、民家と畑の混在する中に自然とマッチした色彩と、２階建てのやさしい形で建っている。窓も広く、外の良く見える構造で、入居者も楽しく、ミカン畑や山の姿を楽しめそうである。年に一度。施設、五井町役員（五井町総代、副総代）、五井町民生委員、市職員、入居者家族との意見交換・経過報告・内部見学の時間がもたれ、地域との繋がりが保たれている。
＊特別養護の入居者は住民票を施設に移す必要があり、五井町民になる。

コンビニエンスストア
　初版「五井を知ってますか」に記述した「五井の店」が閉店してから２０年余。その後は、五井には商店が長く存在しなかったが、道路の整備や市民病院、ソフィア看護学校の移転等にともなって、ローソンがソフィア看護学校に隣接して誕生した。五井の一番端っこではあるが、住民生活の助けになっている。

補足B　石碑類

　初版で紹介されていない、あるいは画像が示されていない石碑類をここに掲載。説明は、二村順二著、蒲郡新聞連載記事「がまごおり石碑めぐり」、2000.05- より引用ならびに参照。写真は令和5年に新規撮影した。全写真を図54とする。

長泉寺　行基菩薩穿井の碑
「神亀年中　当山開闢
菅原行基菩薩　自彫の
観世音菩薩供養せんが為
手ら穿ち給ふと伝う」
（昭和28年建立）

長泉寺　石円鏡
大乗妙典千部を読んだ三谷の竹内氏が記念の宝塔の建立を発願したが果たせず、父の意思をついだ子が大乗妙典を石に書写し宝塔を建立した、とある。（嘉永7年建立）

長泉寺　道元禅師の歌碑
「峰の色　渓の響きもみなながら　釈迦牟尼仏声と姿と」
（昭和61年建立）

妙善院　小田寛治氏の句碑、「白刃を翳し　裸足で火を渡る　寛二」（平成9年建立）

金山神社裏の馬頭観音（草競馬場関連か）（大正10年造立）

長泉寺　石書金光明教塔（寛政8年建立）

初版あとがき

　本書は、著者の一人（小田美智子）が、郷土のパンフレットを作ってみようと企画したことに始まる。しかし、作業を始めてみると、この地の歴史と伝説の豊かさは、予想をはるかに越えるものであった。

　しかし、その一方で、昔は沢山あった遺跡も、今はほとんど失われてしまい、往時をしのばせるものはほんのわずかになったことを知った。今となっては、取り返しのつかない部分も多いが、大規模な生活の変化が五井の周囲までせまっている現状を考えると、五井にそれが波及してきたとき、先人たちが築き上げてきた伝統と文化をいかに我々が守っていけるかが問われそうである。

　生活が電化・機械化され便利になった一方、先人達が日常当り前に用いていた技術や生活の知恵が失われていく。いつも我々の手に届く所にある物を生活に用いることができず、店屋に買いに走ることもたびたびである。

　人類の歴史は、技術の発達の歴史といっても過言ではない。二足歩行を覚え、手を使って様々な技術を編み出し、言語の発達によってその伝承をより確実なものにした。その技術は次の世代によってより先へ進められた。また、地域の自然との付き合い方を永い時間をかけて学びとっていった。

　そんな先人達の努力の積み重ねが歴史であり、現在の姿はその結果である。次代をになう若い人々が過去に親しみを持つことで、現在を理解しながら、未来の方向性を見い出してゆくことを願ってやまない。このことは、五井に限らず、日本各地どこでも同じである。各地で、それぞれに歴史を掘り起こし、未来を作り上げて行く必要がある。微力ながら、本書がそのきっかけを提供できれば幸いである。

　記述内容に関しては、筆者の思い違いもあろうし、また、重要な事柄で抜け落ちているものも多々あろうかと思う。もしお気づきの点があれば、ぜひご教示いただきたい。特に、異説をご存じであれば、ぜひ、お教えいただきたい。

謝辞

　初版の作成にあたってご助言ご協力下さいました、長泉寺様・常円寺様・妙善院様・小田卓男様・小田寛二様・大村俊一様・小田裕司様・大町忠久様・大場久充様・東部小学校の皆様方・五井町の皆様方に心よりお礼申し上げます。

　表紙およびカットの絵は、蒲郡市三谷町在住の画家、木下広唯氏が本書のために、五井町を歩いて題材を探し、描いて下さった作品です。改めて御礼申し上げます。なお、木下氏の仏画は、長泉寺本堂にも飾られています。
ちなみに、中表紙（I-7）の絵は、庚申堂の石仏、五井のおはなし知ってますか」の前（I-79）のカットは道標の馬頭観音像です。

　中表紙（I-7）の題字は、刀剣鑑定人として活躍し、熱田神宮の刀剣手入れにも参加していた、能書家の小田多良氏に依頼しました。竹島海岸に立てられた「風標」というモニュメントの題字も氏の書です。

平成９年６月１４日　筆者

参考文献

[1] 蒲郡市教育委員会編集・発行　「蒲郡市寺院悉皆調査報告書」　昭和６１年
[2] 長泉寺著作発行　「龍田山長泉寺歴史探訪」
[3] 鈴木源一郎著　「東三河郷土散策」　豊橋地方史研究会発行　豊川堂　昭和４８年
[4] 蒲乃冠者著　（村瀬宣弘）、「社寺（蒲郡市）を訪ねて」、少部数限定配布、平成８年９月―平成１１年９月
[5] 常円寺著作発行　「常円寺記」　昭和５５年
[6] 児玉幸多・坪井清足監修　「日本城郭大系　第９巻」　新人物往来社　昭和５４年
[7] 蒲郡市教育委員会編集・発行　「竹谷松平氏　―西郡の殿様―」平成２年
[8] 愛知県宝飯郡神職会編「神社を中心としたる宝飯郡史」　国書刊行会　昭和５７年
[9] 高橋延年監修「東三河の城」刊行会編　「東三河の城」　郷土出版社　平成２年
[10] 足立陸男著　「ふるさと探訪」　海雲堂、昭和４８年
[11] 蒲郡市教員会編・発行　「わたしたちの蒲郡」昭和３２年
[12] 小田玉五郎著　「五井史」昭和２２年以前の手書き原本。（本巻中では、手書き本「五井史」と記載。本書「五井の歩き方」の第二巻は、それをワープロ化した内容。）
[13] 新村出編　「広辞苑　第４版」　岩波書店　平成６年
[14] 石川松衛編　「蒲郡町誌」（復刻版）　名著出版　昭和４８年
[15] 蒲郡市誌編纂委員会・蒲郡市教育委員会編　「蒲郡市誌」　蒲郡市　昭和４９年
[16] 歩け歩け蒲郡歴史散歩編集委員会編「歩け歩け蒲郡歴史散歩」蒲郡市教育委員会　平成６年
[17] 大町忠久著作発行　「東三河の身近な野草２００種」平成８年
[18] 伊藤天章編著　「蒲郡風土記」　蒲郡新聞社　昭和５１年
[19] 伊藤天章編著　「蒲郡史談」　図書刊行会　昭和３９年
[20] 鏡味完二著　「日本の地名」　角川新書　昭和３９年
[21] 谷川健一・藤岡謙二郎・鏡味明克・黛弘道・丹羽基二・林英夫著　「日本の地名」講談社　昭和５７年
[22] 楠原祐介・溝手理太郎編著　「地名用語語源辞典」　東京堂　昭和５８年
[23] 楠原祐介・桜井澄夫・柴田利雄・溝手理太郎編著　「古代地名語源辞典」　東京堂昭和５６年
[24] （有）ジオ・ブレーン編　「全日本地名辞典」　人文社　平成７年
[25] 下中邦彦編著　「愛知県の地名」　日本歴史地名大系第２３巻　平凡社　昭和５６年
[26] 二村順二著　「がまごおり石碑めぐり」、蒲郡新聞連載記事、平成１１年―
[27] 蒲郡市教育委員会編　「愛知県蒲郡市　埋蔵文化財発掘調査報告書―竹谷城址・五井城址・形原城址―」蒲郡市博物館、平成２７年
[28] 蒲郡市教育委員会編　「蒲郡の建築」、蒲郡市博物館、平成２１年
[29] 蒲郡市博物館編　「蒲郡市博物館所蔵文書目録」、蒲郡市博物館、平成２６年
[30] 蒲郡市教育委員会編　「蒲郡市文化財図録」、蒲郡市博物館、平成８年
[31] 新井敏己著作発行　「蒲郡の諸城」、平成１０年
[32] 大護八郎、小林徳太郎共著　庚申塔」、木耳社、昭和４７年
[33] 杉田素秋著、「郷味：東海蒲郡」杉田猪一、昭和６年

改定にあたって

　令和2年3月の五井町総会にて、文化財調査委員会を作っていただいた。文化財の盗難などが心配なので、至急に調査が必要という設立趣旨であったが、その月の内に豊川市へ抜ける道の途中の「道標の馬頭観音様」が盗難にあった。また、同時に大池の北の墓地にあった石仏（如意輪漢音像）も盗難にあった。後者は寸法や重量はおろか写真も無く、将来発見されても、証拠が無いわけである。調査が間に合わず、まことに残念である。委員会は、発足間もない時期に開催されて以後、コロナウィルスの蔓延で調査活動はほぼ休止せざるを得なかった。そんな中、大村栄委員長より、「君たちが以前にまとめた『五井を知ってますか』の本について、公的な補助金を得て五井町内の全戸に配付したらどうか」、との打診をいただいた。蒲郡市には出版補助制度はなかったが、豊橋市の神野教育財団に三河地区の文化教育活動を対象とする補助金があると知り、「五井を知ってますか」に、小田玉五郎氏原著の「五井史」ワープロ化と、新規の調査委員会報告を加えた、3巻構成の1冊の書籍を出版する企画をたて、2022年度事業に申請して、補助金をいただけることになった。

　初版からの26年間には、かなりの変化があったはずだが、初版には、その当時に既に失われた事物が記述されているなど、その時点での観察として完結しているので、現代の視点で記述し直すことは難しいと感じた。それで、初版の記述をそのまま生かせるよう、最小限の訂正にとどめ、復刻に近い形に留めることにした。そして、現代の情報を補足として付加することにした。

　当時お世話になった方々は大半が故人となられたが、敢えて表記は変更しなかった。文中の写真が改定版では白黒印刷になるので、約半数の写真について、文中と似たアングルで撮影した最新の写真を巻頭のカラーページで示すことにした。「間違いさがし」ゲームのように、出版当時と現代の間の多少の変化を感じながら読んでいただければありがたいと思う。比較しやすいように、文中の写真に一連番号をつけ、対応するカラー写真があれば、同じ番号をつけることにした。以下に変化した点をまとめる。

三河湾スカイライン　以前は県営有料道路だったが一般の県道として無料開放された。

真清寺　　山門は老朽化により倒壊の危険があるとして取り壊された。今は本堂の老朽化と、ご本尊の保存について課題が生じている。

観音堂　　はなまつりは、令和になってから、行事はおこなわれなくなった。

六地蔵（観音堂前）　道路拡幅で境内が少し狭まり、建物はコンクリート造になった。

社口神社　周囲の竹が伐られて、お社がよく見えるようになった。

道標の馬頭観音様　　盗難被害にあい、行方不明である。今は、お堂が空しく建っている。

庚申堂　木造のお堂は竹薮に飲み込まれて倒壊した。石仏も地下に眠ることになった。

長根橋　道路拡幅に伴って廃止された。とても珍しい立体交差から普通の交差点になった。

みかん集荷場　五井町内での集荷から。清田町のセンターへの集約にかわって取り壊された。跡地は駐車場となり、一角に小型の倉庫が建てられた。

五井の店　　道路拡幅に伴って取り壊された。

青年会場　今は小さな防災倉庫が建っている。

安城農林高校実習農場 建物は無くなり、跡地は南が山林に、北が民営のみかん畑になった。しかし、石碑は今も残り、ここが蒲郡みかん発祥の地であることを語り伝えている。

図に現れない変化もある。**五井山**の項には、そこに住む哺乳類として、「イノシシ」はまだ書かれていない。また、**お犬様**の項にも、昔、猪被害が酷くてお犬様を祀った話が出ているが、筆者が父から聞いた所では、愛電（現、名鉄本線）開通後は来なくなったと言う。それが、今は電気柵や背の高い金属柵での対策に追われている。

　こうしてみると、確かに26年間に変化はあるが、凄く大きいというほどではない。そこで、変化を「補足A：初版出版以降の26年間にできた新施設など」の部にまとめて示す。また、「補足B:初版で紹介できなかった石碑類」も加えた。

令和5年6月　　小田哲久、小田美智子

I - 79

五井のおはなし知ってますか

小田美智子

まえがき

　古くからひとびとが住んでいた土地には、古いとってもいい話がたくさんあります。それは、人間がことばを持った生き物だからです。お話で生活の知恵やルールを子孫に伝えてきたからです。親から子へ、子から孫・ひ孫へと語り継がれてきました。いろり端で、おじいちゃんやおばあちゃんのひざにだっこされて聞いた…。そんな話を集めてみました。

　だから、いつの間にか、お話は少しずつ変わっていきます。その家々にあわせて、その時代にあわせて。一つの話がいく筋にも分かれていきます。そのすべてが正しくすばらしい。お話は今も生き続けています。

　浦島伝説が日本中にあるように、遠い地方にある伝説と類似したお話しも出てきます。それがまた面白く、五井の説話誕生のルーツに、想像をかきたてられます。同じ話が、それぞれの地方で独立して発展し語り継がれて行くのは、文化の伝承の面からたいへん重要です。私がこの地でめぐりあったお話しを、できるだけそのままの形でお伝えできれば幸いです。

　本当は、活字にしてしまってはいけないのかもしれません。でも今は、親である私もお話を知りません。今も昔話を知っている語り部（かたりべ：お話をして内容を伝える人）にお尋ねしてみようと思います。

『五井』を知らない皆さんへ

　愛知県蒲郡市五井町（がまごおりしごいちょう）のこと。三河湾国定公園の一部です。海岸線から約２ｋｍ、背後には蒲郡で一番高い五井山（ごいさん：標高４５４.２ｍ）がそびえています。南北を海と山に囲まれた海洋性気候の町で、有名な「がまごおりみかん」の主産地のひとつです。

　五井にはかつて多くの古墳が存在し、古くから人々が住み着いていたことがわかります。残念なことにその多くは破壊されてしまいましたが、今も少しは残っています。田舎の小さな町の割には、歴史のある寺社仏閣も多く存在します。この地が、昔は重要拠点だったことを物語っています。

　このような理由で、五井には昔話が多いはずです。このようなローカルなお話しは、土地の事物との結び付きが強く、場所の雰囲気を知ってお話しを聞くことで、作品に対する味わいが深まると思います。しかしながら、五井を知らない方には、想像しにくいと思います。興味を覚えた時は、巻頭の「五井を知ってますか」を見てください。写真入りで五井の歴史、地理、現在の生活、およびそれらの考察、その他百科事典的にまとめてあります。

（１）いぼがみさんのおはなし
　　五井の東郷にある医王神古墳（いおうじんこふん）には、いぼとり（いぼころり）の神様が、祭られています。医王神というのは、お医者さんの神様。つまり、薬師如来のことです。いろいろな伝説があります。

〔いぼとりの神様〕
　　むかし、五井にもお城があってお殿様（おとのさま）が住んでいました。お姫様（おひめさま）もいました。ある時、お姫様の体にたくさんのいぼができてしまいました。「古墳（こふん：大昔の人の墓）の岩の上にたまった水で体を洗うといぼが治る」と聞いたお姫様は、おまいりをしてその水で体を洗ってみました。すると、ふしぎなことに、本当にきれいにいぼが取れてしまったそうです。だから、いぼがみさんと呼ばれています。
　（注）医王神古墳は蒲郡市の指定史跡になっています。書物などでもいろいろと紹介されていますので、ぜひ調べてみてください。

〔いぼがみさんのたたり〕
　　いぼがみさんはお薬師さんで、いぼができてしまった沢山の人々をそこにある岩にたまった水で直した。
　　ある日、そんな話を聞いたよくばり者が御利益（ごりやく）のあるその岩を持ち出そうとした。すると、たちまちその者の体じゅうがいぼだらけになってしまった。いぼがみさんが怒って、今までお参りにきた人から取ってあげたいぼを全部その者にくっ付けてしまったということだ。
　　いぼがみさんに行って見てごらん。古墳の上に乗っている石が２つに割ってある。誰かが切って運び出そうとした跡だ。後ろの方には、割ろうとして穴をあけた跡がある。でも、そんなことをしたからその人達はみんないぼだらけになって、びっくりして逃げて行ってしまったらしい。だから、今でもいぼがみさんは五井にあってみんなを守ってくれている。
　　このお話、こぶとりじいさんに似てるでしょ。いぼがみさんにいたずらすると、いぼだらけになるぞ。

〔いぼがみさんとお線香〕
　　ちょっとこわい、こんなお話がありました。
　　いぼがみさんは、今では、地主さんによって手厚くお祭りされていますが、昔、まだそれが古墳と解らなかった頃のお話です。
　　昔、いぼがみさんのそばに住んでいたおばあさんの家のお線香が、すぐに無くなってしまう。不思議に思っていつも見ていましたが、仏壇の、よく見える所に置いておいても、なぜか消えうせてしまうのです。ある日、針仕事をしながら線香の番をしようと、すぐそばに置いて見ていました。そうすると、ひざの横に置いた線香の束が、あっという間に数が減っていって、ボロボロになってしまいました。そんなことが続いたので、いぼがみさんをお祭りしたらピタリと起こらなくなったそうです。

（2）チンチン石のおはなし

　チンチン石って知ってますか。五井八幡社（五井の神社のこと）の横の、小さなおやしろの中に置いてある重そうな大きな石です。石の上には、金槌（かなづち）が２本置いてあります。そうなると、誰でもたたいてみたくなるでしょう。チンチン。チンチン。いい音がします。そう、チンチン石の名前はここから付けられたものです。チンチン石のお祭りのとき、ぜひたたいてみてください。

〔チンチン石〕
　昔、この石は、国坂峠（くにさかとうげ：五井から豊川方面にぬける山越えの道）のどこかにあったそうです。そこは、旅人が多く通る道で、街道（かいどう）と呼ばれる重要な道の一部です。
　ある日、村人が石を見つけてたたいてみたところ、チンチンとよい音で鳴ります。「いい音だ。金（きん）のかたまりならもっといいのに。金になれ、金になれ。」とたたきました。するとふしぎなことに、つぎつぎ良い事が起ってお金持ちになってしまったということです。
　でも、きっとこの人は石をたたいて、仕事もがんばったんだと思うよ。だから神様がごほうびにしあわせにしてくれたんだよね。

〔チンチン石のうばいあい〕
　チンチン石はたたくとお金持ちになれる石です。だからとなり村の牧山（まきやま：今の豊岡町）の人達が夜中に、五井からこっそり牧山へ運んでいこうとしました。ところが、五井と牧山の境界まで来ると、不思議なことに石が急に重くなってしまいました。運べないので、しかたなくそこへ置いて牧山へ帰りました。次の朝になってチンチン石は五井の人達が見つけ、お祭りされていた神社へもどされたそうです。

　　（注）上記はチンチン石の一般的な話を子供向けに書いたものです。しかし、五井にはもっと詳しいいきさつを含んだ話が様々な形で伝えられているようです。「五井を知ってますか」第一部第四章２「チンチン石」に詳しく書きましたのでそちらをご覧ください。それぞれ面白く、これらを総合的に捉えることによって、その時代背景なども構成することができそうです。

（3）井戸にかかわるおはなし

〔五つの井戸〕
「五井」っていう名前がどうしてついたか考えたことがありますか。
こんなお話が残っています。
　むかし、行基（ぎょうき）という偉いお坊さんが、人々をしあわせにするためにあちらこちら旅をしていました。むかしのお坊さんというのは、お寺の仕事だけでなく外国から入ってきた色々な学門や新しい知識をみんなに伝える役割も持っていました。
　このあたりを通りかかったとき、井戸が無いことに気が付きました。病人の多い事にも気が付きました。「井戸を掘って、村人の生活を助けてあげよう」と、五つの井戸を掘りました。病気も減って、人々の生活も楽になりました。それから、この村を「五

井：ごい」と呼ぶようになったそうです。

　その内の一つといわれる井戸が、長泉寺の入り口近くにあります。手押しポンプ式で、今もきれいな水が出て、お参りの人達が大切に使っています。一度、見てみるといいですよ。

〔雨を降らせる井戸〕
　五井には昔から、水不足の時に五井山の上で行う「雨乞い（あまごい）」の神事があります。それには、こんなわけがあるのです。
　今の東郷に行仏（ぎょうぶ）という場所があります。弘法山の西の麓で、園五郎屋敷（えんごろうやしき）の西に行基が掘ったと伝えられる古井戸があります。
　この井戸には不思議な力があって、昔からこんな風に言い伝えられています。「水不足で困ったときには、この井戸の水を使って雨の神様にお祈りしなさい。そうすれば必ず雨が降りますよ。」というのです。
　西の郡の松平のお殿様は、たいそうこの井戸を大切にして、毎年元旦の朝に使いの者に命じて言いました。「行仏へ行って井戸のお祭りをするように」と。そして日照りのときには、この井戸の水を汲んで五井山の頂上近くにある二つ岩神社へお供えして、領地に向けてまき散らしました。驚いたことに雨乞い（あまごい）の神事が行われると、必ず二日の内には大雨が降って村人達はとても助かりました。今もその御利益は変わらないということです。
　水不足の多い蒲郡なので、またこの井戸の水で雨乞いのお祭りが行われるかもしれませんね。

（4）社口さん（しゃぐちさん）のおはなし

　社口さんは本当の名前を尺地神社（しゃくちじんじゃ）といいます。尺地というのは、土地の広さを測ること。つまり、土地の神様、農地の神様ということです。五井は農業が盛んです。五井にとって大切な神様といえます。
　社口さんは、西郷の、とっても小さなおやしろに祭られています。小さな竹やぶがある、その中です。

〔たけやぶの不思議なおふだ〕
　昔のお話です。毎年、台風がやってきます。そのたびに不思議なことが起るようになりました。台風の時には、どこからか社口さんのお札（おふだ）が飛んでくるのです。そして、いつも同じ所に引っかかるのです。それが、今社口さんのある竹やぶなのです。あまり同じことが続くので、不思議に思った地主さんが「社口さんはここに住みたいにちがいない。さっそく、おやしろを建ててあげよう。」とお祭りしました。今も、ずっと、地主さんたちによってお祭りされている。

〔おしゃべりな神様〕
　社口さんのお祭りは、いつも五井の八幡社のお祭りの半月あと。これには、わけがあります。
　秋になると、日本中の神様たちが出雲（いずも：島根県東部。日本の神社の中心とされる出雲大社がある。１０月に日本中の神様たちが出雲大社に集まるといわれ、他の地域は神様が不在になることから、１０月のことを、神のいない月、神無月：かんなづ

きと呼んだ。）の国に集まって会議をします。

「三河の国の様子はいかがですか？」

「今年は雨が少なくて、お百姓さんたちがこまっています。雨の神様、三河の視察をして、今後の方針をお考えください。」

っていう具合にね。

　社口の神様はおしゃべりが大好きな女性の神様。会議の時までペチャペチャしゃべり続けていたそうです。会議中のおしゃべりは、大変じゃまなので他の神様たちは「何とかあの神様が会議に出席できないようにしよう。」と、考えました。こんな方法です。

　秋祭りのときには、神様が出雲へでかけて留守というわけにはいきません。会議中にお祭りをやっていれば、社口さんが会議に出席することはできないのです。つまり、お祭りの時期に会議が開かれるように、お祭りの時期をずらしたというわけ。それで、社口さんのお祭りは八幡社のお祭りよりも二週間位遅く行われるようになったということです。

（５）火の穴古墳のおはなし

〔空から降る火〕

　むかしむかし、まだ夜がまっ暗だった頃のお話です。

　その頃は学校も新聞もテレビもなくて、新しいことを教えてくれるのは、あちらこちらを歩いて回る旅のお坊さんたちでした。その頃のお坊さんは、中国などから入ってきた学門を勉強したり、新しい知識を学んだりして大変物知りでした。またあちらこちらを旅して、見たこと聞いたことが多くありました。そしてそれを日本中の人々に教えてあげていました。

　ある時、五井にも立ち寄って言いました。

　　「空から火が降ってきます。地面に穴を掘って、その中に逃げ込みなさい。」

　人々は、いつ空から火が降ってもいいように、五井山の裾野（すその）に大きな穴を掘りました。この穴は、「火の穴」と呼ばれ、今も五井に残っています。

　　（注）「火の穴」は、実際は AD６〜７世紀頃造られた古墳（前方後円墳）である。後に、主に修験道の行者が全国を行脚し、知識を流布した。この「天から降る火」が何かは確定できないが、次のどちらかではないかと思われる。
　　　（１）火山の噴火：火山の知識を持った僧侶が、五井の地形を火山地帯と見誤った。
　　　（２）流星雨〔流星群〕：澄んだ暗い夜空を埋め尽くす流星雨は「火が降るような」と表現される。
　　後の世に、この話と古墳が結び付いて火の穴伝説となったものと思われます。選択は読者の想像力におまかせします。

（６）観音堂のおはなし

〔子供の好きな観音様〕

　むかし、新池の東のあたりに掃鏡庵（そうきょうあん）という小さなお堂がありました。そのお堂には、もっと古いお寺から移された観音様が祭られていました。その観音様は、一本の木を削って造られていました。とても古いので表面の漆（うるし）もなく

なって、ガサガサの木の肌がむき出しになっていました。子供の目には、ただの丸たん棒に見えました。夏になると子供達はお堂からその丸たん棒を持ち出して、池に浮かべました。そして、浮袋の代わりにしたり、上に乗って船にして遊びました。

　毎年夏になると子供達はそうやって遊んでいたのですが、ある時、その仏像は行基菩薩が作った、とても貴重なものであるとわかりました。村の大人達は驚いて、子供達がお堂の中に入るのを禁止してしまいました。

　すると、その夏のことです。悪い病気が流行し、村は全滅のありさまとなりました。村の大人達は話し合って、仏様にお尋ねしました。そうすると仏様は、「私は子供がすきなので、子供の声のする所へ行きたい。」と言われました。村人達は五井の中心部に小さなお堂を造って、その観音様をお祭りしました。すると悪い病気の流行は、たちどころにおさまりました。本当に子供の好きな観音様だったのですね。五井の観音堂にまつわるお話しです。

（7）龍田稲荷（たつたいなり）のおはなし

〔龍田稲荷のおきつねさん〕
　みなさんは、お店で売っている「まつたけ」の値段を見たことがありますか？「国内産」と書かれているものは、とっても値段が高いですね。そう、今より多くあったという昔でも、やっぱりまつたけは貴重品でした。

　おいしい「まつたけ」や「しめじ」は、昔でもそんなに沢山採れたわけではありません。五井でも、「城（しろ）」と呼ばれる、よく生える場所を知っていないと、なかなか手に入れることはできませんでした。城を知っていても、他人にはあまり教えないものです。これは、ただ意地悪というわけではなく、自然保護の立場からすれば大切でもあります。

「きのこ」のことが大体お解りいただけたところで、お話に移りましょう。

　むかしのむかしのお話です。五井の長泉寺は、とっても古いお寺です。長泉寺には、五井だけでなく、他の村からもお参りの人が沢山やってきました。長泉寺には、「龍田稲荷（たきたいなり）」という、お稲荷さんがお祭りされています。お稲荷さんには、こま犬の代わりに「きつね」が座っているでしょう。だから長泉寺にお参りする人達は、「おきつねさんにお供えする」といって、大好物の油揚げを持って来ました。

　油揚げはお稲荷さんの近くの木の枝につるされました。すると、いつのまにかお稲荷さんのおつかいのきつねが出てきて、それを食べて行きました。すると信心深い人々は、「ありがたいことだ。」と、喜びました。

　ある日のことです。龍田さんにいつも来て、油揚げをお供えするおじいさんが、いつものようにお参りをしていました。すると、きつねが出てきて「こっち、こっち」というように手招きします。不思議に思っていると、だんだん山の中へ入って行って、きのこの「城」を教えてくれました。おじいさんは喜んでたくさんきのこを採りました。「もう、じゅうぶん。ありがとう」と言うと、きつねはもとの場所まで案内して、どこかへ消えてしまいました。

　何人かの人にこんなことがあって、そのうわさはだんだん広がっていきました。すると、それに目をつける者も現われました。「わしも、きのこをいただこう。」と、今まで長泉寺に一度も来たことがない様な者が、油揚げを持ってやって来ました。もともとお参りをする気なんてありませんので、油揚げを木にぶら下げると、きつねの出て来るのを腰掛けて待っていました。それどころか、きのこの場所を教えさせようと、き

つねや子ぎつねをいじめるものまで現われました。

　しかし、賢いきつねのことです。きのこだけが目当ての人間を見抜いて、毒きのこを採らせたり、山奥の深い谷へ連れて行ったりしました。そして、いつの間にか姿をくらましてしまうので、道に迷った人間は、真っ暗になってからやっとの思いで家に帰り着く、といったありさまでした。

　そんなわけで、悪いことを考える人もだんだんいなくなり、昔のように心優しい人々のお参りする姿がもどってきました。この頃では、きつねの姿も見られなくなりましたが、今も五井山の奥できのこを守りながら、みんなの幸せを願っています。

（8）「たかぼうず」のおはなし

〔たかぼうず〕
　今夜はとってもいい月です。月明りを楽しみながら夜道を歩いていると、後ろから誰かが急ぎ足で近づいてきます。そして、私の脇を通って抜かしていきながら「こんばんわ」と声をかけました。私も、いい気分で「こんばんわ」。

　その人は、なおも急ぎ足で私の前に出て、五・六歩ぐらい離れたとき突然、ウワーンと背が伸びて、見上げるような大入道（おおにゅうどう）になりました。びっくりしたのなんのって。声も出せずに逃げ帰りましたが、あいつ、それ以上は何もしませんでした。．

　あれが、昔から五井に住むという「たかぼうず」だったんですね。

　　（注）たかぼうずは、五井に住む貴重な妖怪です。月夜に人を驚かしに出てきますが、それ以上の悪いことはしません。最近では夜道が明る過ぎるのか見かけませんが、ちゃんといますよ。たかぼうずは、「た」にアクセントを付けて発音します。背の高いのがよくわかるでしょ。棒読みは困ります。

〔井五郎　と　たかぼうず〕
　井五郎さんは頭が良くて五井の知恵者と呼ばれています。
　ある月の明るい晩のことです。井五郎さんが長泉寺の前を通りかかると、小僧（小坊主）さんが出てきて言いました。「おじいさん、腰が曲がっておられるけど、伸ばせば私より背が高いだろうねえ。」

　井五郎じいさんほろ酔い加減だったので、言われるままに背を伸ばしました。すると、「やっぱり小さいねえ。」と言うやいなや、ウワーンと大きくなっておじいさんをびっくりさせました。

　ところが、頭のいい井五郎さんのことです。「これは、たかぼうずのいたずらだな。」と、すぐに気付きました。そして反対に、からかってやろうと思い付きました。「おお、見上げたもんじゃ。わしでは、とてもかなわん。あんたの勝ちじゃから、まあ酒でも一杯さしあげよう。」と、持っていたとっくりをさし出しました。たかぼうずは、大の酒好きです。飲まずにはいられません。しばらく飲ませると少し酔っ払ってきました。

　お寺の門のところにはこう書かれています。「お酒を飲んだ人は、門の中に入れません。」おじいさんは、たかぼうずに尋ねました。「あんたは、坊さんなのに酒を飲んでしまったが、一体どうするつもりだね。」

　「そんなの簡単なことさ。」と言うなり、もっとウワーンと大きくなって、言いました。「たしかに、山門（お寺の門）には入らないよ。ほーらね。」なんと、たかぼうずは

山門を一またぎにしてしまったのです。

　さすがに井五郎さんも「してやられた」と思いましたが、「りっぱ、りっぱ」とほめて、また酒を飲ませました。けれども、負けずに「わしなら、そんなことせんでも入れるわい。」と、山門の外側をすり抜けて入りました。

　すると、負けてはならじとたかぼうず、今度は「本堂をまたいでみせる。」と言いました。井五郎さんは、「しめた」と思い、元気付けだと言ってまた酒をすすめました。たかぼうずは、一口に飲み干してしまいました。すると、今度は、グワーン、グワーンとどでっかくなって、五井山ぐらいの大きさになってしまいました。そして、長泉寺の大きな本堂を一またぎにしようと片足をあげました。そのとき、おじいさんはすかさず自分の持っていた杖（つえ）で、もう一方の足をはらいました。とたんに、山のような大男はひっくり返って、と思ったら消えてしまいました。

　何日かして、井五郎さんが長泉寺の近くを通ると、片足を引きずって歩いているきつねに出会いました。おじいさんは「あいつだな。」と思いましたが、「もう悪さはするなよ。だが、おまえさんも大したやつだったな。」と一人言をいって、また歩き出しました。

（9）どんどの滝のおはなし

〔どんどの滝　（どんどんの滝）〕
　昔、五井に水田がたくさんあった頃のお話です。水の少ない五井では、池からの水をうまく五井じゅうの田んぼへ引けるように水路が造られていました。その一部が古道の当たりを通っていました。跳ね坂あたりは急な坂になっています。だから川も同じで、五井の跳ね坂のすぐ東側に滝がありました。

　夜になって、あたりがシーンと静まりかえってくると「どんどん、どんど」と太鼓をたたくような音が聞こえます。それは夜の中をこだまして、早起き鳥が鳴くまで続きます。水が波になって落ちていくその音は、山のたぬきが一斉に腹つづみを打っているようにも聞こえます。

　いつも夜が来ると滝のあたりから「どんどん、どんど」と不思議な音が聞こえてくるのでいつのまにかこの滝を「どんどの滝」と呼ぶようになったということです。

　　（注）残念ながら、現在この滝は残っていません。カーブをつけた坂になっているので、おおよその場所は想像できます。耳を澄ませば「どんどん」と響く音が聞こえるかもしれません。

〔どんど　の　たぬき〕
　昔のお話です。跳ね坂の「どんどの滝」に仲の良いたぬきの夫婦が住んでいました。小だぬきも生まれて大変喜んでいました。ある時大雨が降り、かわいそうなことに子だぬき達が皆、水に流されてしまいました。親だぬきの悲しみは、例えようもありませんでした。それからです、たぬきの夫婦のいたずらが始まったのは。

　まず、その頃の五井の人達の様子からお話しましょう。ほとんどの人が農業にたずさわっていました。大家族で住み、子供は多く生まれましたが、病気などで死んでしまう子も多かったのです。また、今のようにみんなの家にお風呂があったというわけではないので、「もらい風呂」といって、よその家のお風呂に入らせてもらったりしました。あるいは、何軒か交代でお風呂を沸かして、その家に入りにいったりもしました。

その他、あかちゃんに与えるお乳が出ないおかあさんが、お乳の余っている人の所へ飲ませてもらいに行く、「もらい乳」もありました。生まれても多くの子供が死んでしまったので、お乳が出ても飲ませる子供のいないお母さんも多かったのです。

　そういうわけで、みんなが色々なことで助けあって生きていました。昼間だけではなく、お風呂やお乳のように、小さい子供を連れて、真っ暗になってからよその家へいかなくてはならないことも沢山ありました。

　その頃は、電気なんてありませんので、夜道は本当に真っ暗です。月夜ならまだ良いのですが、月の無い夜なんて全く何も見えません。

　その頃、「闇夜に子供を連れて歩くと、子供が取り替えられる。」という騒ぎが続けて起りました。行方不明になるのではなく、次々子供を取り代えられてしまうのです。夜道で子供を連れて歩かなくてはならないときには、目印のために自分の子供の顔に墨を塗ったくらいです。

　ある晩のことです。お風呂をもらうためにおかあさんが二人の子供を連れて歩いていました。一人はおんぶして、もう一人の手をつないでいました。誰かが後ろから近付いてきて、「もしもし」と肩をたたきます。突然なのでハッとして、後ろの子供を守るように両手を背中にやりました。その瞬間歩いていた方の子供の手を放してしまいました。「しまった」と思ったときにはもう遅く、子供はいなくなってしまいました。大声で名前を呼びながら探し回ったのですが、真っ暗闇でどうしようもありません。しかたなく、家に帰ってそのことを告げ、またみんなで探しに出かけました。

　さっきと同じあたりまで来ると、「おかあちゃん、おとうちゃん。」と呼ぶ声が聞こえます。いつの間にか子供はそこに戻って、一人で待っていたのです。「よかった、よかった」と抱き上げると、子供は「さっきのおじさんに、おまんじゅうもらったよ。」と竹の皮の包みを差し出しました。「妙だな」と思いながらも真っ暗なので、ともかく家に帰りました。火のそばで包みをあけてみると、なんと中身は'馬糞'（ばふん：馬のうんち）でした。

　しばらくそんなことが繰り返されていましたが、あるときからピタッとなくなりました。「どんどの滝」のそばを通ると、こだぬきのじゃれる姿を見かけました。あかちゃんが生まれたんですね。

　「どんどのたぬき」は決して悪いたぬきではありません。洪水で子供が流されたのが悲しくて、いたずらしてしまったのです。「どんど」には、村人のお墓があります。たぬきたちは、お墓参りの人達がお供えして行ったおまんじゅうやお菓子のお下がりをもらって、食べていました。ところが、しばらくしてそのお墓に行ってみると、必ずお墓のお花がきれいに代わっています。村人は「どんどのたぬきよ、ありがとう。」と、そっとお礼をいいました。

　「どんどのたぬき」にはその後たくさんの子供が生まれました。月夜の晩には「どんどんど、どんどんど」と、みんなで腹つづみを打つ音が鳴り響き、その音は年々大きくなっていったそうです。めでたし、めでたし。

（１０）宿屋のおはなし

　五井の物知りおじさんに聞いたおもしろい話、教えてあげる。おじさんは、若い頃は見えたけど、今は目が見えない。だけど、心の目はよく見える。心の写真もきれいに写ってる。

〔おりきさんとねこ〕

　五井に一軒あった宿屋の主人の名前は、おりきさん。おりきさんが、大切に飼っていたねこの名前は知りません。でも、大切に、大切に飼っていたそうな。ねこもおりきさんが大好きで、いつもそばにいたそうな。おりきさんは、歳とっていて中風になってしまった。おりきさんが病気になったのを見たねこは、驚いたことに、おりきさんの代わりに宿屋を切り盛りするようになったんだそうな。ほんとかな？

　その後、おりきさんは、病気が直らないまま死んでしまった。そしたら間もなくねこも死んでしまったとさ。何とも不思議な話だね。

〔絵描きの宿代〕

　昔、五井には御伝馬街道という道があって、たくさんの旅人が通りました。宿屋もあって、いろいろな人が泊まっていきました。

　お客さんの中には、勉強中の絵描きさんも多くいました。まだ絵も売れないのでお金がありません。でもやさしい五井の宿屋の人達は、その絵描きさん達を泊めてあげました。

　宿を出る時、「申し訳無いのですが、お金がありません。これを代わりに受け取ってください。」と、描いた絵を宿賃代わりに置いていきました。本当のことを言えば、お金にならない絵をもらってもこまるのですが、みんな快く受け取ってあげました。売ることもできないので、そのまま仕舞い込んで、忘れられてしまったのでしょう。

　時が流れて、宿屋も店をたたみ、そこには新しい家族の住む時代になりました。昔、宿屋だった家ですから、その当時の色々な物が見つかりました。その中には、たくさんの絵もありました。しかし、皆うす汚れて、虫喰いだらけです。どうしようかと迷いましたが、捨てるのも申し訳ない気がして、すべて川に流しました。

　ところがその後、こんなことを耳にしました。

　「昔、宿代の代わりに絵を置いていった絵描きが多くいる。その中には江戸で勉強して、今では大変有名になった人もいる。その人の描く絵は、たいそう高い値で売られている。」

もったいないことをしたと思いましたが、どうしようもありません。

　もしそれらが今も五井に残っていたら、「五井浮世絵美術館」が建っているかもしれませんね。そんな事より、五井の人々が優しかった事を知って、とってもいい気分です。

（11）五井山に関するおはなし

〔へび岩　と　黒へび〕

　五井山の国坂峠の途中には、いろいろな大岩がドッカリと座っています。その一つに、へび岩と呼ばれる岩があります。むかしから、ここには大蛇が住むといわれていました。いまも、ツトゴーマリという黒へびが住んでいるそうです。それは、大マムシで、体は「つと（筒）」の形をして大きく、胴周りは４５ｃｍもあるらしい。夏だけではなく冬に行ってもその太い体のままそこにいるのです。そんな珍しい大きなへびが住んでいるから、「へび岩」とよばれるそうです。

　今も住んでいるというから、誰かが見たのでしょう。幻のへびツチノコみたいだけれど、五井の黒へびは巨大です。

　大へびはとてもこわい。神様がそのこわいへびの形を借りて五井の村をまもってく

れてるんだと思います。だから、五井も五井山も、今でもこんなに美しいのでしょう。

〔ジライヤの巻物〕
　昔、ジライヤという悪党の親分がいました。牧山（今の豊岡町）のとがみ山で修行をし、カエルの化け物と戦ってこれを打ち負かし、それからカエルの術を使えるようになったそうです。そのジライヤはとがみ山に大切な巻物を埋めたと言われています。しかし、別の話によると、とがみ山に埋めたというのは、敵の目をくらますためにわざと流したうわさで、本当は五井の秋葉山の上にある、蛇岩（じゃいわ）のあたりに埋めておいたということです。どちらが本当かはわかりません。

〔岩にうちこんだ剣〕
　昔、強い将軍が、西の郡（にしのこおり）の山中で武芸の修行をしていました。その人の名前は分かりませんが、五井山、とがみ山、三ケ根山の三箇所の大岩に宝剣を打ち込んで去ったと伝えられています。今も五井山のどこかに宝剣が眠っているのでしょうか。

〔五井の大杉〕
　五井登山道の途中に、清水の湧き出る所があります。その途中の小高い場所は「呉服山」と呼ばれています。
　昔このあたりで、七日七晩に渡り山がゴーゴーと鳴り、地響きがしました。村人は恐れおののいて、領主に「何とかしてほしい」と訴えました。領主は「神がお怒りになったのであろう」と考えて、神主さんやお坊さんにお祈りをさせましたが、山は静まりませんでした。
　そこで、占いをたてたところ、「領主が何か危険な目に会いそうなのを、知らせている。」ということがわかりました。そこで、領主は秋葉神社の西の沢に、杉の木を一本植えて、神木（しんぼく）としてお祭りしました。領主は自分が日常着ていた服を地鳴りする山に埋め、御祈祷（ごきとう）をしたところ、ついに山が静まったそうです。その時から、この場所を「呉服山」（ごふくやま）と呼ぶようになりました。
　領主が植えた杉の木は、長い年月を経て「五井の大杉」となり、神木として今も五井の村を護り続けています。

（１２）明治時代のおはなし

〔村長さんは　すもうとり〕
　今から百年くらい前のことです。明治になって、五井と牧山（今の豊岡）と平田が集って一つの大きな豊岡村となりました。宝飯郡（ほいぐん）豊岡村という名前です。今の蒲郡市の中の五井町とちがって、小さいながらも、独立した村役場があり、村長さんもいました。
　その中には、五井から出た人もいます。その人は、草相撲（くさずもう）の力士で、シコ名（すもうとりとしての名前）を「勇川」（いさみがわ）といいました。大変強く、長いあいだ大関でした。草相撲というのは、地方の相撲で、今の大相撲と同じように、各地を巡業（じゅんぎょう：地方をもよおしごとをしながら回ること）したのです。横綱はなく、最上位が大関でした。
　力士は、それぞれ、本職をもっていましたが、巡業の時には、皆、仕事を休んで集ま

ってきたのです。勇川も、家や村長の仕事をほったらかしにして、家の人に内緒ででかけました。その日になると、昼間のうちに荷物を庭の垣根にかくしておいて、それを弟子が外からそっと運び出します。本人は夜になって家の人々が寝しずまるのを待ってこっそり巡業に出かけてしまったそうです。まるで夜逃げのようなものです。各地にはそれぞれ草相撲のファンがいて、相撲が来るのを楽しみにしていました。それを思うと、勇川はいてもたってもいられませんでした。

　三重県の伊勢へ巡業に行ったとき、何かで金を使いすぎてしまい、ほとんど一文無しになってしまいました。結局、蒲郡から伊勢に来ていた漁師に頼みこんで魚船に乗せてもらって、ようやく帰ってこられたということです。

　当時の大関の化粧まわし（相撲とりの前掛け）が、戦後まで子孫の家に残っていましたが、お蔵に泥棒が入って、盗まれてしまいました。何のためにそんなものを盗んで行ったのでしょうか。

（１３）不思議な石のおはなし

〔不思議な形の不思議な石〕

　五井のある家の庭の隅に、とても不思議な石があります。その石は、男性のシンボルの形をしています。昔からそこにあるようで、その家に言い伝えがあります。「この石に乗ってはいけない。頭痛が起こるから。」

　昔ここにお嫁に来た人が、それを知らずにこの石を踏台にしました。しばらくすると頭が痛くなりました。お姑さんに「頭がいたいんです。」と言ったところ、「あんた、あの石に乗ったでしょう。すぐに水と塩を持って行って清めていらっしゃい。」と言われました。驚いたお嫁さんは、お姑さんに言われた通りにすると、不思議なことに、すぐに頭痛が直ってしまいました。石に乗ると、いつもこんなことが起きるそうです。

　こんなこともありました。その家の増築工事の時、工事用の車がその石の上に乗ってしまいました。すると、たちまち奥さんの頭が割れるように痛くなり起き上がれなくなってしまいました。家人に頼んで、急いで車をどかしてもらい、水と塩で清めると徐々に痛みがひいてきました。自分が乗ったのでもないのに頭が痛くなった奥さんは、工事の間、その石に誰も触れることができないように、布を巻いてしまったそうです。

　なぜそんな石がその家にあるのかは、全く家の人にもわからないそうです。しかし、機械を使っても簡単に動かないほど頑丈に地面に食い込んでいることから、初めからそこにあったのではないかとも思われます。いずれにせよ、これからも不思議な石として、家の人達に大切にされることでしょう。

〔石とお姫様〕

　五井には山すそに、沢山の古墳がありましたが、多くはみかん畑を開墾する時に破壊されてしまいました。石室を形作っていた大きな石は、畑の石垣にくみこまれたり、片隅に放置されています。そんな石を自宅へ運び込んで、庭に据えた人がおりました。すると、その家の子供が、庭を見て「お姫様がいる」といいました。でも、大人の目には何も見えないのです。もっと詳しく聞くと、「きれいなおべべのお姫様が、ほら、あそこに。」と、例の石を指差します。家の人はふるえあがって、急いで石を元の場所へ戻したということです。

　また、別の家での話ですが、同じように古墳の石をひとつ、うば車に乗せて持ってきました。庭に据えると、夕方、石の姿形が女の人の顔に見えるようになりました。それ

も、泣いているような顔に。その人は恐ろしくなって、あわてて石を山の遺跡にもどしたところ、たちまち、他の石と見分けがつかなくなって2度と見つけることができなくなってしまったとのことです。

（注）遺跡の石を庭石にすることは、多少とも、その人の心の負担になるのでしょうか。人々の心のやさしさを物語るお話しです。破壊されてしまった遺跡はもう元にもどせませんが、残ったものだけでも大切にして、次の世代に受け継ぎたいものです。

（14）子供達に伝えておきたいおはなし

五井にも悲しいできごとはあります。なかでも、戦争は人間が起こしたものです。二度とくり返さないように、「お話し」として伝えます。しかし、本当にあったお話しです。また、同じ頃、大きな地震もありました。こわかったそうです。少しむずかしいので、家の人に説明してもらってください。もしあなたの家に戦争や地震の事を知っている方がみえたら、ぜひお話しを聞かせてもらってください。

〔第二次世界大戦〕
昭和20年に終わった戦争について、当時五井に暮らしていた人々は、都会で空襲にあった人々と比べれば、具体的な印象が少ないかもしれません。しかし、五井の男性たちもたくさん軍隊に徴兵（ちょうへい：兵役につかされること）され、戦場で大切な命を奪われた人もいます。その遺族となった人達も多くいます。また、戦場での悲しい思い出を胸に帰還（きかん：帰ってくること）した人もいます。それぞれが、苦しく辛い思いをしました。大変悲しいことです。

五井町では、畑で艦載機（かんさいき：航空母艦から発進してくる飛行機）に機銃掃射（きじゅうそうしゃ：きかんじゅうでうたれること）された人がいたことが特に恐ろしい出来事でした。幸い、溝に伏せて弾をよけることができたそうです。沢山の爆弾が落ちてきたり、大きな戦闘があったりということはありませんでした。多くの住民にとって、戦争らしい記憶としては、豊川にたくさんの爆弾が落とされて多くの被害が出た時の、ものすごい音や煙のことかもしれません。五井にいても見えたそうです。

五井は農業の村です。幸い食べ物にはたいして困らなかったようです。戦争に負けて日本人が本当に食べ物に困っていたときでも、同じでした。むしろ、食べ物に困った町の人々に「やみ」といって、秘密で食べ物と他の物とを交換してあげたりもしたようです。当時、食べ物のない人たちは、カボチャの葉を食べたり、サツマイモのつるを干して粉にしたものに少し小麦粉を混ぜて作った団子を食べたり、コーリャンめしを炊いたということもあったようです。

また、配給制度があって政府の割り当てた食料品を、五井の人は東部小学校へ受取りにいきました。

戦争中も東部小学校は授業が行われていました。上級学校も一応開かれてはいましたが、ほとんど学徒動員（がくとどういん）と呼ばれる仕事に出されていて、勉強ができる状態ではありませんでした。

五井に爆弾が落ちなかったことで、たくさんの命が奪われずにすみました。大切な物が壊れずにすみました。だから、五井には、今も立派な文化財や、遺跡、古い建築物などが数多く残されているのです。

〔三河地震〕

　昭和２０年１月１３日に、深溝断層（ふこうづだんそう）が大きく動いて西浦・形原あたりを中心に大きな被害をもたらした三河地震が起きました。震源に近いところでは多くの死者も出ました。

　五井でも、ひどい揺れに襲われたようですが、幸い地盤が硬いので大きな被害を出さずにすみました。しかし、阪神大震災でいろいろ経験されたように、ピカピカといなずまが見えたり、ドーンと大きな音がしてグラグラ揺れたといわれます。

　ところが、五井の人達は地震だと思わずに、てっきり戦争がひどくなったと思い込んでいたそうです。一度も戦闘を経験していない五井では、敵の攻撃と勘違いして「艦砲射撃だ」（かんぽうしゃげき：船から大砲を打ち込むこと）「艦砲射撃だ」と、戦場に行ったことのある人達が叫び回って、人々もそう信じていたようです。「地震」だと解ったのは後のことだったといいます。

　しかし、これほどの大きな地震があったにもかかわらず、一切の報道はされませんでした。それは、報道管制（ほうどうかんせい）といって、政府などの命令で、事実を発表してはいけないと、禁止令が出たからです。

　地震の起った昭和２０年１月は、あと半年程で日本の敗戦（はいせん：戦争に負けること）が決まる、という時期でした。新聞やラジオでは、「日本は次々勝ち進んでいる」と告げていましたが、本当は敗戦の色がだんだん濃くなってきていたのでした。だからその時、「地震で大きな被害が出た」と報道することは人々から戦争の意欲を削ぐことになると考え、許されませんでした。

　五井における実際の被害は、幸いなことに大きくありませんでした。地震で少し柱が傾いたり、障子がひずんでやぶれたり、唐紙（からかみ：ふすま）が裂けた程度だったということです。家の倒壊、火災、死傷者などはありませんでした。しかし余震（よしん：大きな地震の前後に起こるそれより規模の小さな地震）の心配もあり、村人は屋外に地震小屋（掘っ建て小屋）を建て、大変寒い中を１週間ほどそこで寝起きしたそうです。

　被害としては、これも詳しいことはわかりませんが、昭和１９年１２月７日に起こった、紀伊半島（きいはんとう）西南沖を震源とする東南海地震の方が大きかったようです。その時は、五井でも墓石の倒壊などの被害がありました。その頃の記録が、もっとたくさん残っていると、現在の地震対策にとても役立つので、今となってはとても残念です。

あとがき

　この「五井のおはなし知ってますか」は、「五井を知ってますか」の資料の取材と平行して、情報提供者が子供のころに親から聞いた話の内容や、情報提供者自身の経験談を中心に、子供向けに編集したものです。一部、古文書（手書き本「五井史」）から筆者が現代的に解釈して取り入れたものもあります。将来に向け、御家族で楽しんでいただきたいと思います。

　それぞれのご家庭で、ここに載っていない話や、似ているが少し違う話をご存じの方がおみえだと思います。それらは、すべて正しく、大切な遺産ですので、ぜひそのままの形で後世にお伝え下さい。また、筆者にもお聞かせ願えれば幸いです。

　最後に、五井に限らず、世界中の伝説・民話が絶えることなく、それぞれの家庭のスタイルで語り継がれていくことを願ってやみません。

「五井を知ってますか」改訂版　あとがき

改訂版編集　小田哲久

　初版は、小田美智子の着想にもとづき、本人が何人もの古老のお宅を訪問して詳しく聞き取り調査を行い、記録・構成した。本文の文章の大半を美智子が執筆し、哲久は主として写真撮影と編集を担当した。本文のうち、地名の考察は哲久が担当した。今回は、初版本文の記述はほぼそのままに、その後の変化や現在の状態については末尾に補足をつけ、変化した景色はカラー写真を前置きすることで改定版とした。（白黒印刷だけの写真は、初版の時に撮影された画像。）

　付録の「五井のおはなし知ってますか」は、美智子が古老から聞き取った物語を「お話」の形にまとめたもので、文章も全面的に美智子が書き上げている。今回の改定でも、付録部分はほとんど初版と変わらない。

　初版の本文中に挿入した写真は、コンピュータの画面で見る為の、かなり粗いデータであったが、今回、ネガフィルムが残っているものは改めて高精細化して改訂版に挿入した。今回の出版では、初版時の写真の大半は白黒印刷にしたが、高精細画像データでは、元のデータのままよりは、遥かにきれいで、対象の細部がよく見えるようになった。

　「改訂にあたって」で書いたように、四半世紀の変化は、物質面では、あまり急激なものではなかった。特に、神社仏閣にかかわる部分や、遺跡などは、当時と大きく変わらない。しかし、生活面では、核家族化が進み、高齢者と子どもたちの接触が希薄になってきた。子どもたちの遊びも多様化し、五井城の土塁に空いた抜け穴（実際は戦後に掘られた芋の穴だったそうだが）で忍者ごっこをすることも無くなった。こういったこともあって、代々語り継がれてきた伝承説話類の継承が危うくなり、五つの井戸の話や、ちんちん石、イボ神様の伝説などを知らない子供もいるのではないかと思う。そんな状況の中、本書が遺跡やそこを舞台とした伝説を含む五井の文化を次世代に伝える役割を担う事ができれば望外の喜びである。

改訂版　謝辞

　今回、神野教育財団より補助をいただき正式な出版が実現できました。また、大村栄委員長はじめ、五井町文化財調査委員の皆様には、本書を「五井の歩き方」全3巻構成の第1巻として出版する上でご協力いただきました。本書の初版はワープロで印刷して実費販売し、また、インターネットでの部分公開もしてきましたが、その期間中、多くの方からご支援をいただきました。特に、二村順二様、村瀬宣弘様には貴重なご意見や情報を頂戴し、今回の改定に生かさせていただきました。

　今回の正式出版にあたっては、広島市立中央図書館から、五井城絵図の精細な画像と関連情報をご提供いただきました。蒲郡市博物館学芸員の小田美紀様には、五井歴史資料の調査でお世話になりました。蒲郡山友会様には二ツ岩の探査をしていただきました。

　以上、お世話になりました皆様に紙面をお借りして深く感謝を申し上げます。

令和5年6月14日　筆者

「五井を知ってますか」索引

第二巻　五井史

小田玉五郎（昭和２２年没）著

【解説】著者は、農業を生業としつつ、旧蒲郡町の町会議員を長く努めた人物であったが、郷土史に興味を以て文献調査を行い、また、五井の歴史に関連する茨城県つくば市や和歌山県鵜殿村などへ私費で調査に赴いた。その集大成がこの原稿であり、著者が最晩年に病床で書き上げたものである。ここには、地元で伝承されてきた内容が豊富に含まれている。手書きのまま、コピーが一部に流通してきたが、後年、２回に渉って別々にワープロ化され、少部数が配布された。その１つは、郷土史家の村瀬亘宏氏によるもので、もう１つは、蒲郡市博物館学芸員の小笠原久和氏が著者の子孫の依頼を受けて個人的に作製したものである。今回、五井町文化財調査委員会の出版企画として、改めてワープロ入力を行った。入力に当たっては、先行の２書を参考に、原本の精査をして編集した。原著には章名が無いが、内容は章構成になっているので、村瀬版を参考に章名を付けた。また、理解を助けるために、項目名や句読点を付けた。大項目は○、小項目は◎を付けた。また、なるべく原本の味わいを残しつつ、現代人にも多少読みやすくなるように工夫した。具体的には、原本の縦書きを横書きにし、漢字は旧字体のままだが、ふりがなをつけ、送り仮名を現代風にした。註釈については、原註は単に（　）とし、編集委員会の註は、（註：　）とした。また、各版の註は（村瀬版の註：　）等と表記した。明らかな脱字の場合や、理解を助けるために字句を挿入する場合は、[　]と表記した。尚、一部の不適切な語句は、文意を変えない程度に修正を行っている。

目次

五井全図（北部）

（**解説**）明治２１年の地籍図をトレースして、そこへ失われた旧地名などの情報が付加された。原図は池は青、道路は茶色に彩色されている。本書第３巻の資料調査中に見出されたもので、特有な語句から、小田玉五郎氏の作成になるものと解釈できる。この図の内容は五井史の読解に資することから、冒頭に提示する。

五井全図（南部）

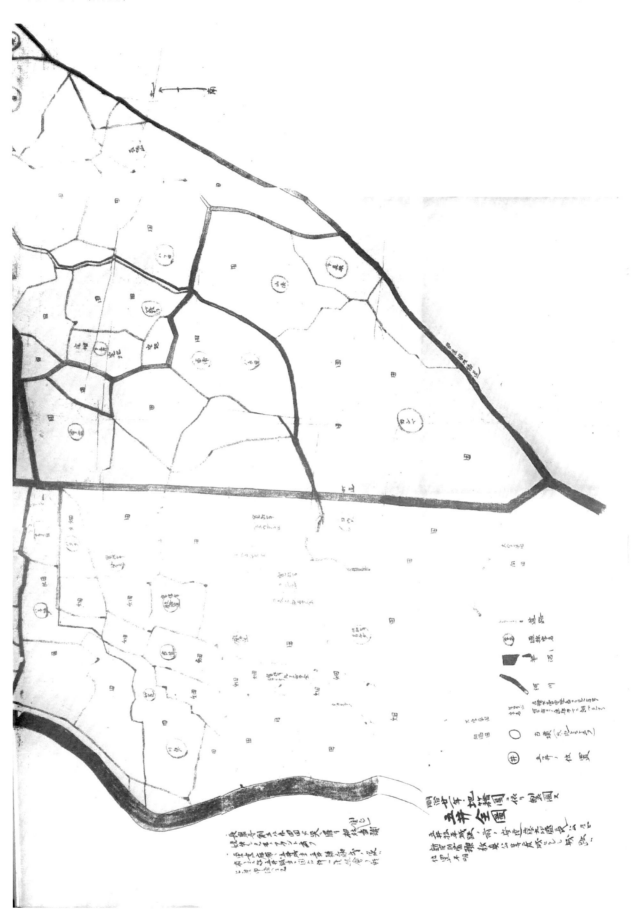

五井全図の部分図（五井史に書かれた内容と一致）
（文章は五井史本文の記述と完全に一致する。小田玉五郎氏作図と考えられる。）

（1）大池について書かれた文章

其ノ一ツナリト云フ
塩津ニ一ツ、幸田ニ一ツ
ノ池ヲ造ラレタリト云フ
徳川幕府三河ニ三ケ所

大池

（2）医王神古墳について書かれた文章

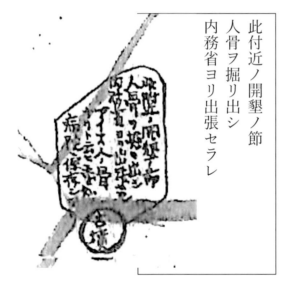

内務省ヨリ出張セラレ
人骨ヲ掘リ出シ
此付近ノ開墾ノ節

（3）長泉寺の北西に無数の穴倉

昔古ハ古墳ナリト云フ

穴倉無敷

（4）大池の北側に記載された、井祭りの井戸と、行佛の地名

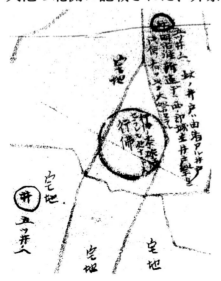

宅地

宅地

宅地

五ヶ井ヘ

宅地

行佛

行佛

御使者ヲ以テ大祭セラル
明治維新マデ西ノ郡城主井戸祭ヲ
五ツ井ノ一、此ノ井戸ハ由緒アル井戸

行佛ノ茶碗焼
セラレシ処ナラム
行佛

II－4

（5）御用藪

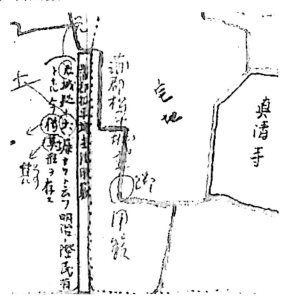

蒲郡松平城主御用藪
旧城跡ノ土塀ナリト云フ明治ノ際民有
トナル今猶其形ヲ存ス

（6）五井全図解説及び五井城跡について

明治廿一年・地籍圖二依リ製圖ス
五井全圖
五井松平城跡ノ前ノ安達藤九郎盛長公及ビ
新宮別當源教真公等居城セラレシ城跡ハ
位置不明

明治廿一年・地籍圖二依リ製圖ス
五井全圖
五井松平城跡ノ前ノ安達藤九郎盛長公及ビ
新宮別當源教真公等居城セラレシ城跡ハ
位置不明

大字平田
向瀧田

通称字名

河川

池沼

古墳（火焔とト云フ）

五井ノ位置

道路
通称字名
池沼
河川
古墳（火の穴ト云フ）
五ツ井ノ位置

古証文賣買證書ヨリ見ル年号
何年前ヨリノ通称ヲ一・二調ベタルナリ

1. 五井の概要

○郷名

往古は蒲形ノ庄五井と云い、又、西ノ郡五井村と云い又宝内の庄五井村と云い、又宝飯郡五井村と云い、又豊岡村五井と云い（牧山，平田，五井）、又宝飯郡蒲郡町大字五井とも云う。（字蒲郡、小江、府相、平田、牧山、五井、清田、水竹、坂本、神ノ郷、を以て蒲郡町と成る。）

○地勢

北は（五峯山）又五井山の嶺を境として東は県道国坂峠を堺として蒲郡駅に至る県道を堺とす。[註：五峯山の文字は、五井神社誌に見えるが、読み方は不明。「ごほうさん」、あるいは、「いつみねさん」とよむべきかもしれない。原書に註釈なし。]

西は長泉寺裏山，清田石山神社跡の東を境として清田字橋詰裏の溜池に至り（旧西田川）太駄川を境とす。（註：現在は太駄川とは呼ばれない。西田川。）

南は国坂県道より（註：判読困難につき簡略化）町道五井線の（平田の北境）分岐点を以て直線に太駄川に至るを境とし、北には高山を負ひ国坂県道小丘長根山を境として西には田圃が有り，南にも田畑を有し田畑計五十丁余，戸数八十五戸余農業地として，明治初年より戸数を減ずる事なく裕福なるを証明せり。

○収穫高

米　凡そ二千俵余　旱魃の年は其限りにあらず　俵　金拾三、四円位

他　字より（五井以外からの意味か？）年貢米として区内所有者へ収米約三百俵内

養蚕　年内に二万五千円余　一貫目八円と見積る

蜜柑，ネーブル　金六千円余　両者三貫換と見積

大麦　六百俵，一俵五円　三千円　米不作の年に高し．

小麦　二百俵　一俵七円　一千四百円　米国小麦豊年ならば安し．

粟　一百俵　一俵五円余　金五百円

キビ　一百俵　一俵七円余　金七百円

速成栽培作　キウリ，カボチャ，ナス，カンラン　年六百円余

温室ブドウ　金七百円位

ソバ　四十俵　一俵四円位　金百六十円

大豆　二十俵　一俵六円五十銭位　金百三十円

小豆　八俵　一俵十円　金八十円

□□　その他雑穀　一百円

野菜物　　　二百円余

果樹類　　　七十円位い

花物生花用　金百円余

植木類　　　金百円

山の石　　　金百円

割木類　　　金一千円

酒屋働き人　金一千円

織屋工女　　金千五百円

男雇人　　　金千五百円

運送馬車　　金八百円
　　　麻糸賃　　　金千五百円
　　　官公吏月給　年　金参千円
　　　金利　有価証券利子は不明の事として置きます。

　　農閑期雇人賃は年により変動に付き豫定付かぬに付き記入せず
　　　田反別　凡そ三十二町歩余
　　　畑反別　凡そ二十八町歩余
　　　山林　七、八十町歩余

２．五井という地名を付けたる原因

　　往古行基菩薩が此の地に来られ、人民の１日も欠くべからざる水の井戸なきは雨多き時に不潔の水を飲み、それが為に病気となり、旱魃の際には飲用水の不足を来たし、誠に土人の苦痛をあわれみ給い、何程旱魃の時も雨多き時も水に善悪なき水の出ずる地を御撰び遊ばされ、郷内五ヶ所に井戸を堀り土民を救われしと云う。此れを以って五つ井と云い後五井と云う。

○五つ井の所在を今現存し居るを以下に記す

一、　現今東郷地区（小字行佛と云う字あり）高野弘法山の西麓、園五郎屋敷の西にあり　この井戸は明治維新に至るまで蒲郡松平領主より毎年正月一日の朝、使者を命ぜられ井祭り執行せられたり。

　　此の由緒は旱魃の際には此の井戸の水を五井山上の二ツ岩神社へ奉献して領土に向かいて降らす時は必ず二夜を待たず大雨あると云う。必ず今日に至るも御利生（註：御利益と同義語）あるなり。

是れ領主の井祭りを執行されし所以を証明せり。

二、　小井戸　今の大池の下の田、大村縫三分所有の田にあり。松材にて井戸の角を作りてあり。底なしの井戸と云う。（大村長左衛門の東方の田）

三、　長泉寺境内の本堂前の庭にあり此の井戸は長泉寺住職兼（藤？）明和尚の時僧侶十五人にて三日間酒樽を以てしたるの二尺を減じたるのみにて水は無限である事を知りたり。

四、　五井西郷小田房蔵、五井の小田祖先の屋敷内に一つあり。今は小田昇の宅地内。

五、　東郷小田五郎左衛門の宅地の井戸なりと云い、又、長泉寺前の小田平八宅地内本宅の椽（註：縁と同義）の下の井戸に欅の一枚板にて覆いあり、千年以上のものなると云い、之なると云うが詳細不明である。

３．五井城跡

　　建久年間 {1190-8} 頼朝の臣　安達藤九郎盛長公三河奉行とし來り、此の地に築城せられてより五井村社八幡社の前、五井西部大半は城内なりと云う。其の后源頼朝の臣新宮別当源教眞公（註：詳細不明）來り築城せられ、子孫永住せられし。永正年間

{1540-20} の頃ならむ後鵜殿と改姓せられたるや、又、鵜殿氏に打たれしやは町誌にあり。其岩津松平、鵜殿氏を亡ぼし此の地に築城せられ徳川家康公の親族なる故 三兄弟、弟は深溝松平氏、福釜松平氏有名の三兄弟なり。故に徳川氏此の勢いをおそれ遠江の国に城換えを命ぜられたり。(註：詳細不詳。江戸時代に、五井松平氏が遠州志都呂郡に領地を与えられて二川の関所を任された事績と混同されているかもしれない。)

郷前に殿海道という字あり。

４．東海道の由緒

往古東海道は古文書より見るも額田郡山中村山綱より桑谷山綱坂を通り、蒲郡町大字坂本に至り降り、字清田を通じ五井を経て牧山に至り、字丹野の御堂山を越えて大塚村大字山神、廣石、為当を経て小坂井村渡津に至りしとあり。今猶、御堂山を持統天皇の御通行の際落葉樹の葉の紅葉を見て御誉になれりと云う。之を今の御油赤坂へ東海道の変更の際に赤坂、御嶽ガ峯にドーダンと云う木を植えて御堂山の由緒を赤坂の宮路山と萬民に思わしむるに至り今は宮路山は全く御堂山の違ひなり。何となれば此東海道は今より四百年前に変更したるに持統天皇は年代に於て大なる相違あるにより、持統天皇の年代には赤坂は最も山間地なりと云って而りである。 之は常圓寺の僧学者多田 恭、歴史を調べ初めて知ると云われたり。五井を通りたる[こと]は、今[も]清田に字半海道、北海道と、五井に岡海道、東山海道、西山海道あり、牧山に軒山海道あり、之に依りても明らかなり。

猶、今の国坂を街道として通行したる時もありと云う。之は鎌倉時代に頼朝の弟範頼が今の御津村灰野庄に築城せられ三河の守として居られ、頼朝の臣、安達藤九郎盛長公、蒲郡の五井に築城して三河奉行役を勤め居られ、太神宮神饌米を三河五ヶ所にて作付けせられ奉献せられしと云う。この地は宝飯郡国府町、蒲郡町五井、神ノ郷と岡崎市外岩津村それに碧海郡知立町の五ヶ所という。

是れ国坂に東海街道ありし証なり。

(村瀬版の註：御津町史に、上古東海道について「今の東海道は後世のもので、以前は、赤孫、清田、石山、五井、国坂、金割、灰野、廣石の線をあげている」とある。ここの記述は、御堂山道を国坂道に変えると東海道の説は合致する。いずれの説でも、東海道が五井を通っていたことに変わりはない。)

５．五井の神社

〇村社八幡神社

八幡神社は源頼朝の臣安達藤九郎盛長公の源家祖先として鶴ガ岡八幡宮より勧請したるものなりと云ひ，又一説には今是れより以前に勧請しありしと云い、由緒不明なり。初めは八幡宮と号し中途若宮八幡宮と号し今日に至りては八幡社と云う。之

は勧請せられしよりは八幡宮と称し仁徳天皇が祭神なると知り若宮八幡宮と云い、宮より社を宜しきとし一般に社号に変更したり。其れより今日に至り大正年間神社誌作制の際祭神を拝礼したるに応神天皇、神功皇后、仁徳天皇の三神を祭神となり居るを初めて知るに至る。

　各領主崇拝あり詳細は神社誌に於て詳に知るに依り略す。
明治四十年頃指定村社に昇格せり。

　（註：神社の称号で、「宮」は「社」より格式が高いが、その降格の理由は不明である。なお、五井城の絵図には、城の西北に「八幡宮」と記載がある。絵図は、宝暦3年（1753）8月に完成しているので、江戸初期ないし中期には、五井史の記述の通りに、八幡宮だったことがわかる。さらに、本書第3巻「資料編」内の「八幡社文書」には、幕末に申請して降格してもらったとが書かれている。「資料編」の古絵図では、天保3年は「八幡宮」だが、明治4年では「八幡社」となっているので、八幡社文書の伝える通りであろう。）

○秋葉神社

　秋葉神社は西ノ郡松平領主、全領内安全を祈るため鬼門除けの神として五井山上を高山なるを思い、此の地に勧請し鎮座せられしなりと云う。

　領主代々崇敬厚く献燈、その他本殿、拝殿改築せられし事、棟札に依り明らかなり。此の字には明治維新になる迄は一度も火災のありし事なし。之此の神の守護せられし為なりと云う。今に至るも三谷、蒲郡に火災ある際は先ず五井秋葉神社に奉拝せられしと云う。各末社に付いては神社誌に詳細あり依って略す。

○社口神社

　社口神社は元平田と五井の堺の畑の側にありしを、明治維新以前に郷中小田好兵衛所有の畑を買い、此の地に鎮座せられ境界地は小田計次親代々庄屋を勤め居られし際、自分の名義に変更せられしにより今は小田計次氏所有地内に鎮座したりし事になり居るなり。

　祭神は豊受大神は農家の神なる故に耕地を守護せられる様に各字皆耕地の方面に向かって祭りしなりと云う。

○山住神社

　林山の四番山、三番山の堺に祀りありし神は山住神社、昔猪の作物を荒らす故に三河国の足助町の奥の山住神社を勧請したるものにして年々代参する事なるも今は廃せられたり。

　（註：五井山の裏の国道1号線に沿って愛知電鉄、今の名鉄本線が開通した結果、猪は奥三河から来なくなり、被害が無くなった。何十年もそういう平和な時代があって、神社の必要性が失われた。社殿と御神体は金山神社内部に祀られている。）

6．寺院について
○長泉寺

長泉寺は源頼朝の臣、安達藤九郎盛長公三河に七御堂を建立せられし其の一つなり。

依りて各領主の信仰厚く明治維新に至るまで御朱印頂戴せられたり。其の頃は天台宗にして勧学院の末寺なりと云う。後[に]渥美郡大久保の長光寺二世此の地に来たり（天台宗は織田信長公焼き故に廃寺となり居りしなり）曹洞宗を擴めんとして此の地に建立せられしと云う。

本尊は天台宗の勧学院の本尊なりという。此頃は檀徒は東は豊川、国府方面に渡り、南は三谷、西は額田郡深溝、六ツ栗方面に迄またがり居るを見ると、此の地の曹洞宗初めての寺院ならん、檀徒の多き事と思われる。此の寺は今より百年前又その前百年前に三回焼失したるに付き古文書、宝物はその一部を残すのみに付き詳細不明、一部を記す。殊に五井松平領主の関係は町誌に記入する事になりしにより、これを御覧くだされば詳らかなり。

○常圓寺

常圓寺は寺略を見ると昔の勇将多田の満仲の末裔なる様に記しあるも、之は誤りにて多田慶龍氏の代に書き直したるという事を多田恭氏申されたり。

それ以前は遠江国より真宗名僧来たり当寺を建立せしものなりと云う。

西ノ郡領主信仰厚かりしと云う。

諸堂改築昭和三年十一月上棟式あり。

大正、昭和年間、多田鼎という名僧あり、今が世に珍しき人に之余り、今の佛と云う。

○真清寺

真清寺は勧学院天台宗の頃は真清庵という尼僧の寺なるも長泉寺が曹洞[宗の]寺となりしより浄土宗安楽寺の末寺として真清寺と称するに至る。

○妙善院

妙善院は明治四十五、六年頃、豊川妙厳寺前に真言宗として穂永氏の建立せしものなりと云い、代々住職し居り。[故あって]補永友眞なるもの五井に来たり、此の地に移転して講堂を作り高野山にならって第二の三河高野山と云ひ繁栄させんとしたるも庫裏を造り[その後]無住となり、山科の醍醐派本山より特命住職を命ぜられ住職せられたり。此の地は末に五井公園とする目的なり。

檀徒なきも信徒ありしにより却って寺の為に幸福なり。

○観音堂

観音堂は元は村社八幡社東の新池の西にあり。昔五井松平、[遡れば]蔵人十郎源行家、築城の際鬼門除けとして勧学院の社寺を此の地に移せしものなりと云う。此の頃は掃鏡庵と号す、此の佛は子供を好まれし故、夏に至ると新池に水を泳ぐ際に子供が持ち行き池に入れウキとして泳ぎたるものなり。これは小田万九郎二代の利平の子供の頃までは玩具の様にして居りしも之は行基の作なりと判明したるに付き、以後子供

の此の堂内に入る事を禁じたるに、其の夏に至り郷内悪病盛んに流行し村全滅の有様となり、村中協議の結果佛前に占いをたてるに此の佛は「子供を好する故子供の声のする処に行きたし」と申されしに付き、之を以て郷中の今の位置に小堂を造り安置したれば忽ちにして悪病止みたりと云う。依って長泉寺住職の隠居寺として曹洞宗となり、長泉寺に於いて寺財その他は自由にし居りしも、村中に於いても昔を知り又々村中の自由とする事になり財産管理するに至れり。

此の佛像は坂本観音、三ヶ根観音と共[に]一本の木にて行基の作なりと云う。

此の寺の耕地財産は大村惣三郎氏の家に[信仰心の厚い人]あり、此の人が先祖菩提の為に観音様に仕え毎日毎夜供養をして猶、村の若者と共に三年間を経て漸く六両二歩を貯え、田一反五畝歩を買いて財産初めて出来るに至る。これに祠堂[の建築資金]を募集して金をつくりしなり。その後度々開帳を供養する事あり。

今の堂は小田清蔵にて金壱千圓借り十ケ年賦として返済の約にて建立したるなり。利子は農工銀行利として払いたり。

7．五井の池
○大池

大池は昔旱魃続き野田は年々皆無となり土民生活に苦しみしにより、時の領主西ノ郡松平氏徳川天下に願い増築せられしものなりと云う。この時今の塩津村大久保池、深溝村誉師ノ池と三ツ一緒に出来たりと言う。この時に国坂、三谷星越坂、坂野坂に石像如来を記念の為安置せられしと云う。

水面５反二畝歩　堤五百歩なりと云い伝う。
○中島池

中島池、字東山海道にあり。此の地、上島、中島、下島と言う地名あり、中島の地にあるを以て中島池と云う。

此の池は昔山林　林の五番、四番、六番山の下に住居をして居る頃に此の最も低き地を撰みて池を造りたるならんと云う。此の地は上、中、下島と云う地名あるは昔の郷の島の名なるならんと云い傳う。(註：島とは、集落をいう。村よりも下位。上中下は、西から東への地理的位置を示すと思われる。)
○新池

新池は、昔大池は幕府にて造られたる池にて領主奉行の許可を得て出水する事になり居り、其れまでに側の田は見込みなきに至るに依り大池の水を出す迄の補給池として新たに造りたるものならんと言う。

其の例を以て今に至るも個人個人自由に水の必要に応じてタカイ（註：田界すなわち畔の事）を切り出す事になり居るなり、此の例を廃する時は大池の水を早く願う事になる故之を廃する事は出来ざるなり。

大池掛り反別は池を造るときは十四町五反とか言いたるも、今日にては二十一町歩余にもなりしにより水不足を感じ共に不利益をする次第、之は補給池を造るにあらざれば年を経るに従い地方の収穫を減ずるに至らんと頭あるものは心配して居る。

○御宮ノ池

　　御宮ノ池は昔領主茲に城を築かれし時の御堀なりしも落城してより全部田又は畑、宅地となり、其御堀の一部を残して池となしたりと言う。猶御宮の御ミタレの意味を以て残したるなりとも云い傳う。

○小池

　　小池は大村長右衛門の西に小池と言う小字名あり、大池の新築せられるや不必要となり埋めたるなりと云う。`

　　五井国坂線改修の際、池の東南の一部が道路となり、その時の地質より見ても地層に細土、砂、又は小石にて其の下を水は通り居り之を見ても昔之を埋めたる事は明かなり、之を以て今猶小池の地名あり。

○小井戸

　　小池の東、大池の下の地に小井戸と言う地番の[以]前[の]古き井戸と言う意味を思わず小井戸としたるなり、これ実に古の形を失うものにて悲しむべきである。

8．五井の道路
○国道について

　　昔山綱、桑谷坂を経て清田を通り五井長泉寺前に至り、神社より新池の下を通り山屋敷（註：今の東郷）に至り国坂に通ずる国道ありし事あらんと云うも傳説にて真偽不明なるも明治維新まで御転馬路と言ひて馬道と云う由緒ある道なり。

○国坂街道より蒲郡に通ずる県道

　　国坂街道より蒲郡に通ずる県道は大正年間迄は国坂より塩津村坂野坂に通ずる五井郷前、橋詰、水竹、神ノ郷を通り坂野坂を通ずる路にて軍用道路として郡道なりしも、国坂街道は御油より蒲郡港に至る道路と改め変更して県道に編入したるなり、郷前を通じ居る道は古より由緒ある道ならんと言う。

○平田郷西を通り蒲郡港に至る道路

　　平田郷西を通り蒲郡港に至る道路は大正十年頃県道改修に付き清田町より灰野に至る改修するに県にて決定したるを郡技手と交渉し之を三分して御油三分一、金野三分の一、五井三分の一、県の予算金高一万円、一部三千五百円を以て平田郷西に百五十間の改修をしたるなり。

○東町に至る道路

　　東町に至る道路は郡道中にて郡にて改修したるなり。

○平田郷中にある県道

　　平田郷中にある県道を五井道路接續の為、平田郷[西]に変更したるにより平田民憤慨

甚だしく五井より三十人、牧山を頼み十人計四十人にて、各道路敷き関係者の調印を強制的にて、三晝夜を以て漸く調印[を]取り、工事着手するに至る。困難なること云い盡せず。猶三千五百円の費用なる故に長根へ接續する箇所を費用無き故に急上がりの接續としたるなり。拙者も主となり平田の小作は私の田を全部作らずと決議せられ實に困りました。之土地の為止むを得ざる事なり。

○五井線（一名五丁畷道）

此の線は、昔長泉寺天台宗なりしも織田信長の焼失するに至りしにより曹洞宗大久保の長興寺第二世（渥美群大久保村）住職、曹洞宗を此の地に信者を作らんと長泉寺を建立したるものにして、その時堂宇木材を大久保長興寺官林より伐採して三谷港に渡舟して、それより三谷、平田郷を通り五井地内に来れば道の曲がりせまきは運輸に不便を感ずる故に敷き、字に入れば何れの田畑を問わず耕地を直線に通行して運びたるにより、上棟式後も此の道を本道として使用したりしにより五丁畷と云いて直線にて、昔の道としては幅も八尺もあり珍しき道なり。この道路を全部利用して、大正十年頃町道五井線を改修するに至る。敷地買上費及び工事費共にて町費四千八百円余、買上価格田反[あたり]千二百円、畑千円の割りなり。

○五井線終点から国坂へ通じる道路

五井本線終点より国坂に通ずる道路は旧道を凡そ利用して町費を以て改修するに至る。町としては此の費用凡そ五千円と云う予算にて、大池まで改修する事に決定したるも大字役員（大村賢次町土木員、小田玉五郎町会議員、小田修作区長）に於いて結束して町会の協賛を経ず凡そ八十間の費用を以て国坂県道迄改修し工事落成の後、町長中川、議員尾崎氏を頼み町会の決議を経るに至りたり。后になれば町費節約の為、見込み無しと言うにより苦心の功を現すに至りたり。

小河も改修して一見旧道の形を失うる位にて五井の土地は（□□判読困難）之を以て五井が一新するに至る。

此の改修のため大字中にて二、三の策動により半ヵ年相反対有り、漸くにしてその年（註：記年無し、小田修作区長当時、昭和二年頃か）の八月末を以て解決するに至る。其れが為反対派はその后頭を上げる事は出来ぬ有様となりしも、漸く今日に至り其の弊を消すに至り喜ぶべきなり。町費五千八百円余也、他字にても五井のみとはと不満でありしなり。

田千二百円、畑千円の割にて買い上げたり、昭和二年十月十七日村社大祭を期し落成するに至れり。

○蒲郡町山の手横断線

此の線は清田より五井を通り牧山に通ずる道路なり。清田字橋詰より五井本線に接続する線を昭和四年度に於て改修する事に予算会に於いて決議したるにより昭和四年八月頃より工事を着手する事とせり。

○蒲郡町山の手線

坂本より清田、五井を経て国坂街道に通ずる道路は、昭和元年漸くにして町道に編入するに決議せり。之は第二期線として定む。五井国坂線中より分岐して牧山に通ずる横断は第一期工事に決定したるも之は町費の関係上二、三年繰り延ばす見込みなり。

〇五井線より高立野に通ずる道路

此は往古鎌倉時代新宮別當蔵人十郎行家築城する哉、之が殿海道なるも五丁畷の道の出来により自然狭くなり今は作道として利用に足るのみとなり、此れは充分研究の餘地ありと云う。

〇国坂街道

国坂峠改修は昭和元年頃より運動し居る。漸くにして昭和三年十一月に至り第一期改修するに至る。改修として県は昭和三年度予算に於て、工費五千円敷地寄付にて改修する事に決定し御津、蒲郡として（五井　小田玉五郎外区長、金野　安達友次区長）少額の経費にては二十五尺切り下げではと運動の結果三十五尺となり、大村賢次君必死の結果五十六尺切り下げの事に至り、満足して工事を着手するに至る。后に第二期工事は四年度に於いて着手せられる県の見込みなり。

落成の暁には五井、金野も一新するならん。楽しみ居る次第である。

9．五井山と金脈

五井山に金脈あることを漸く心を留むるに至る。昔甲斐の武田信玄公が軍用を三河国宝内の郷に於て掘出したる事古文書（神社誌資料調査の際）にありしより、種々なる方面より考えたるも今の御津町金割と言う字名のあるを初めとし大恩寺川の川尻に金の砂あるを聞き見たる事実なり。依って之は此の川上ならんと苦心したるに小田平吉氏暇を費やし五井山を遊ばれたるに東山入合山の山上に水晶石の沢山あるを見当て且石質は全く金鉱石の類なる石を持ち来たり、他より持ち来たりし金鉱石と竝べ見るも同質のものなると水晶石あるは金の花と言い昔より之の下には必ず多少に拘らず金鉱ある事を思い、何とかして研究せんと思い居りしも、又々昭和四年旧正月十五日五井山所有権ある山は他へ自由売買するや、又は昔に此の山の為に盡力せられたる人に対し五井の宝を他へ出すは其恩思わざるものなりと。享保年間（1716-1736）に牧山と所有権利問題にて四五年間に渡り苦情の結果、徳川幕府に願い裁許せられ當時の庄屋小田勘七郎（勘二祖）たる裁許状、区長に保存とありしより之を取り出して字民に示したり。その文面の内、五井入合山の権十沢、舟岩、木落、行武沢となり、その間に水晶沢を見通しと言う事あり、依って小田平吉氏（秋一祖）の云いしに、水晶あるは昔より知りたるを明らかにするに至ると、之に依りて今後研究せられ、之を見當てに金鉱脈を調ぶる資料とならんと思い此に記したる次第なり。若し之が実現すれば此の地は一層繁栄するに至ると云う。

子孫に至るを之を資料として研究する事を願う次第。小田平吉氏共に相談すべし。
宝石の由緒は宝石由緒部（別冊）に詳細記入しあるに付大略を記す。

五井山東山の（入合）水晶沢、木落し沢の下にあり、内務省工學士史跡調査員出張せられ、此の石は内に宝玉又は宝金を含み居る事を証明すると云われたり。珍石なり（昭和三年五月出張せらる）。金鉱脈あると言うに付き宝金の含まれたるならんと思われる。

１０．五井区の地境

○五井山は西は清田、東は牧山を境として居り、東西共水の流れを境とし、各山の峯及び背を境とする事になり、所有権を附する際に西は下は白山石山神[社]の東を境とし、上は清田、五井の区別判明せざる處は領主所有として此を境とす。

○東は五井牧山共に水流れ境とする事になり、今の弘法山より上は大場迫沢の東の背を境なりと牧山の申し出により（西ノ郡領主、両者に所有権は定めるものの農業としては馬草刈場定め置く事の申し出を尤もとし許可せられたり。今の入合山國坂街道より西、西は行武沢、二ツ岩を境と定める。五井の農家も安心するに至る。

　五井に於いても五井山と云う名のあるより見るも五井の所有なる事は當然であるし、牧山はなにを申込みたるやと、大字にても必死となり山世話方を作り庄屋小田勘太郎（今の小田重助）百姓惣代鈴木彦左衛門（利夫祖）等と三年間に渡り相論の結果解決するに至らず、遂に西ノ郡松平領主より江戸幕府に御裁許を願う事となり五井、牧山係員の共に江戸に運動し遂に町奉行、御老中の御裁判となり両者共に理由を申立ての結果御裁許せられ両者に裁許状を下し渡され、五井の所有となる事になりたり。庄屋小田勘七郎氏のお陰を以て今所有権を得たるに至るなり、此の御恩は忘るべからず。

○大場迫沢より西は、秋葉山よりの山は元官林となり居り、拂下げ入札となり、岡崎の伊賀の人が買受けたり、その頃は拂下げと云う事も余り知らず居る位なりしにより、其の話を聞き弘化年間（1845-8）に五井に買受けんと一決し岡崎に行きしもその人は山を見に来たり案内をさせたるに林の山は秋葉山より上の山より上の山にて価値なきものなりと偽り聞かせたれば其の人も考え値段に依っては売却してもと云いしより先方は全部にて代金三百円にて売ると云い、五井は二百円なれば買うと云い、両者の間に二百五十円と云うになり五井としても度々出張した旅費日当として二百四十円に願い度と申したるに書替え料全部の手数を五井にて負う事として契約なり、買受けたり。明治維新后に至り各戸に分割するに至る。

○東は行武沢、二ツ岩、西は林の山の東の間を所有権を附せず、各戸に地上権分割をし、（明治十一年頃）又明治四十一年頃に大字所有物は町有となすと云うことに省令を以て発布せられ、止むなく所有権整理費として町へ売却するという事になして五井秋葉山より上を十八町三反を残し、全部五井に売却という事に町と内約し、県に願い許可せられ、其の時明治四十年の時なるや各戸に所有権を移転するに至る。

○入合山（権十沢水下る水晶□サブ沢）は牧山・五井の馬草刈場として共有山林となり居り、之が分割に、拾五町歩あるを牧山は半半を主張し五井は四分六分を主張し五井山

と云う権利あるにより内壱町歩を五井分として取り、残り十四町歩を七町歩づつ分割するに至る。西の方牧山、東の方五井とす（註：東と西が逆の可能性がある。）

其の境は上り二ツ岩の背を境とし下は二本木と云う二本の大松ある元の休み場なりと言うを境とす。此の境には犬頭を切り之を埋めて後世に至り、境の論となりたる時は之を証する為に上に塚を造りたるなり。今尚其の形あり今は境界は土地整理により確実となりたり。

明治三十五年頃地上権分割をなし、又明治四十一年頃所有権を各戸に附する事となり五井山中全部各戸人有となるに至る。

11. 五井の伝説と史蹟

○児雷也

往古児雷也と言う悪党長が牧山砥神山に巻物を埋めたると言うが又一説砥神山に埋めたると言う傳えを流言して置き五井秋葉山上の蛇岩付近に埋め置きしなりと云うが何れが真偽なるや不明なり。后に於て研究の資料とならんと思い之に略記す。

猶、とある猛将が（姓名不明）砥神山、五井山蛇岩、三ヶ根山の三ヶ所の山上の大岩石に鉾釼を打ち込み置きしと言う事、専ら伝説として残り居るが、之は真ならんと云う。

○二ツ岩

二ツ岩は往古より各領主降雨の神として崇敬厚かりしも降雨の神として霊験あるにより今日に至るも茲に焚火上げれば必ず降雨あると近村の人迄でが待ち信じ居るなり。

詳細は二ツ岩の由緒別冊にあるにより略す。

○火ノ穴

火ノ穴は五井長泉寺裏、弘法山裏、東山、若地、平子には無数ありしも凡そ石の必要により取り壊きたるも若地山に一ツ現存し居る。これが昭和三年（1928）の春内務省史蹟調査員出張せられ、之は一千年前の石棺にして勇将又は豪族の埋葬したるもの故珍らしきものなるにより保存し置かるべしと申し渡されたり。

其の南も大正元年頃開墾せられし時、土器沢山掘り出したり。

此の東に三神山と言うあり、昔より（現今長泉寺[所]有）此の塚の木の枝を一本にても切る時は病気に羅る、と云い傳え居りしも、今日にては別に何のさわりもなし。

此の塚は昔豪族の長、祖先を埋葬したるか、又勇将の埋葬したるものならんと傳うるも之は発掘するもの無きにより判明せず、后の資料[に]供す。

○呉服山

此の上の小高き處に呉服山（今は玉五郎所有の山）と言う山あり、此の地は昔五井山火山脈の関係なる故なるや七晝夜に渡り山鳴動して郷民恐々として領主[に]述情したるに、其の頃は神の御怒りなりと各神官僧侶に申し渡し祈祷せられしも止まず、占いたるに領主の一身に関係有るなりとの事により、時の領主秋葉神社西の沢に杉の木一本を植え神木として奉献し其の周囲を宝珠の玉の形に境内を取り、今の呉服山に領主の毎日

ご着用の服を領主身代わりとして埋め、祈祷願せられ、遂に鳴動止みたりと言う、之により今の大杉は神木の神として崇敬せられ居り、此の地方には何時にても天宮様は必ず御遊びになると云い、午后に至れば此の地に居るものは無きと云い傳う。詳細別冊大杉の部にあり略す。

○蛇岩

大入沢上、大場迫沢の東下にある蛇岩と云うあり、此れは昔より大蛇此の地に棲むと言うが、今に至る黒蛇のツトゴーマリと云うて、夏冬腹の中央がツト（筒）の形に大きく中央廻り一尺四五寸ありて珍しき蛇なり、それ故蛇岩と言ふと傳う。

　（註：古老によると、当地では、蛇のことをゴーマリと呼んでいたとのこと。いわゆるツチノコ伝説である。）

○位王（註：医王の誤記か）の神岩（一名イボ神様）

此の神は五井東郷の地、小田兵次郎（治司祖）より前小田興助東の側にあり、昔より伝説に曰く五井國坂街道西側に沿って往古勇将又は貴人の古墳墓あると云うが南に小丸山（小森山）、北に位王の神が之に相当するならんと云う。此の神はイボを全治する神として崇敬者多く霊験あり。徳川幕府に仕え江戸詰めとして西ノ郡松平領主自分[の]奥方様百イボ出来醫師の力にて治療する事能わざるにより、奥方様家老に申し付け我が領内にイボ神と言うあり之に代参祈祷せられたれば七日間に於て全治したるにより早速お礼の代参を申し付けられ参拝せられし事あり。名代者、江戸より八十里余（註：約312km）の遠路を来られ参拝せられたる時、此の如き石が神とは何の心をなるや哉と此の岩の上に登り土足にて踏まれたる處、江戸へ帰[る]途中、身中へイボ出来大に驚き遂には途中又帰りて自分にも全治する様に祈祷せられ全治せり。之により江戸方面にても三河の位王の神として知られるに至る。此の地方として岡崎より豊橋地方よりも祈祷願[う]者多くして今日に至るも全治せぬ者一人もなしと云う。

　明治維新以前の頃ならんが徳川幕府の命を受け、阿波徳島の蜂須賀公、海岸に近き大岩をと此の位王の神岩を江戸へ送らんと石工を以て小穴を穿ちたるに其夜忽ちにして公、大病となり緒神に占われたるところ、神岩を無きものにせんとせられたるにより其のとがめにより急病となりしなりとの事により、遂に意を達せず其の儘に手を付けざりしなりと云う。

　又、大正の世となり所有者小田兵次郎、生姜穴を掘らんとし、約五六間西南の方にて堀りしに、突然人骨を掘り当て余り大なるにより、牛馬の骨ならんと其の儘にして置きしに、昭和三年春内務省より此の地に出張調査せられしに、之は人骨なるも頭骨足骨を見ると土人族（註：土着の人？）の骨にて、骨格より見る時は凡そ千年以前のものにて人類学上無類な頭骨なり（註：原文は「人類学モ無能頭骨」とある。当時の人類学では鑑定できない頭骨、という意味か？）、之は郷族長又は貴人の位王神の下の石棺に埋没して、其の臣、殉死せられしものならんと言われ、医学研究のため愛知病院に保存する事

になり持ち帰られたり。

　火穴、位王神の由緒より見て此の地の古き事を証明せり。

○宝玉石（ちんちん石）

　国坂下にても宝玉石ありし知りてや源 範 頼 公の臣、藤原の朝臣の詠ぜられた歌あり。

　古歌「此の山奥に　ちんちんと鳴る小金石　誰ぞ知るらん」と石に書きし置かれ、これを見るもの通行人は何ならんと此の落書を持ち去りしと言う。其れより五井にてもその頃は珍石は古歌の意味に通じざるもの多きにより、長らく其の儘となり、后[に]村民会議の上、村社八幡社に持ち来たりたり。之を見ても此の地の古くより開け居る事 明 なり。

１２．地名の云われ等

○五ツ井の由緒は、五井と言う地名を附けたる原因と言う部に詳細あり略す。

○東 郷弘法山の西の行 佛と言う字名に付き説明をすると、昔行基菩薩が此の地に来られ足を止められ、土民の苦痛を助けんと五ツ井を穿ち堀り又茶碗焼をせられしその 側 を此の地の木を切り観音の像を一本の木にて刻み、五井観音堂に坂本観音、三ヶ根観音と決め兄弟三本足に（註：三仏を鼎立の意か？）安置せられ此の地に仏法を廣められしという。

　其の茶碗焼は行基菩薩が茶碗を焼かれ土民に 施 されしと云う。此の地には小田富治の東の開墾地の土を取り出せば焼土の塊となりし居りしなり。

　之を以て此の地を行 佛字というならんと傳う。

○村社八幡社前の夫婦松は徳川家康公五井城主に祝儀のため来城せられ、其時神社に参拝せられ、夫婦の長 久ならん事を祈る為に置かれしなりと云うが、詳細[は]神社[の部]に 述 しある事なる故に略す。

○補足（前後すれども、一寸記す。）

◎何時の領主なるか不明なるも地名を見ると今の観音組、西川組の郷中一圓を城地となりし形跡現れ居るなり。後の参考に略記す。

◎羽根坂と言うは由緒ある語なり。大名城下の南方には羽根と言う字あり、考えらるべし。

◎五井字堂前、殿街道に収 悠田と言う 凡 そ三反歩余りあり、之は昔鎌倉幕府時代安達藤九郎盛長公三河奉行として五井に居られ三河に五ヶ所の献供田撰定せられ、太神宮に供へられしにより、其の時祭田の一つなりしならんと言う。

◎高立野と言う字は此の東に一反五畝歩余、宮崇ケ坪と言うあり、これも何れ由緒ある地ならんと言う。

◎小田玉五郎宅地の東より四尺幅の高藪あり、南に大竹昌吉宅地の東を通し居り、明治維新に至るまでは御用藪としてありたり、之は昔、領主の城の境界となし居りしならん、

明治[の]世になりて民間隣地に拂い下げられたり。

◎太駄利川は昔清田石山神社西より一圓に流し居りしならんと云う。何れを掘るも下よりは川の小石出するなり、之より見て明らかなり。

１３．姓名の由来

血統

九曜星小田姓、九枚笹小田姓、大村姓、鈴木姓、大竹姓、竹内姓、足立姓、本多姓あり。

〇**九[曜]星小田**は、清田慈恩寺に小田天庵氏治といいし（源家[の]）人、伊勢ノ國小田より此の地に来たり。分家して小田、羽田、門田と兄弟に各姓を給わり、其の血統水竹崇心寺より五井の好兵衛（小田昇）に分家せられ、之を以て、五井の[小田の]祖なりという。

〇**九枚笹小田姓**は詳らかならざるも、小田好兵衛分家よりも先にありしものなり。俗に伊之助小田というが、伊之助の本家平助、其の本家角兵衛とあり、其の本家八五郎、之より五井東を七兵衛、小田角兵衛と兄弟にて共に八五郎より分家せしと云う迄を、詳らかに知れたるも其の先は分明せず。故に、九曜星の小田と九枚笹の小田とは、年代に於いても相違あるにより、全く関係なきものなりし事と明らかなり。

〇**大村姓**は、昔九州大村城より此の地に来たり（寛治年間[1087-1095]）。足を止められしものなりというが、詳らかならざるも神社棟札より見る時は、一時は此の地に於ては位置を持ち居りし事、明らかなり。

　今の大村惣三郎、昔は藤原の朝臣秀行と言われしという。之五井大村姓の祖なり。

> （村瀬版の註）若宮神社の棟札
> 「応永五年　１３９８再宮肥前国大村城主民部大輔純治男治部太夫季宗末孫大村宗三郎」

〇**鈴木姓**は鈴木彦十（今の鈴木太郎八）、此の姓の初めは詳らかならざるも、今を去る四百年以前に天台宗勧學院當時の檀徒なる事は明らかなるより見れば、鈴木太郎八氏を以て鈴木の祖なる事明らかなり。血統不明なり。

〇**大竹の姓**、大竹武兵衛（今の大竹昌吉）、此の家は五井に築城せられし城主の獸醫として仕え居り。又其の城主落城する哉、后の城主に仕え、御殿醫として仕え居られし事ありという。今猶古文書、醫学書保存しありしという。其の領主、城換えせられるや、足を自分は此の地に止め住居せられ、又蒲郡西ノ郡松平領主に仕えられ御用人職を務め居られ、明治となりて民間に下り農業となり居らる。何れのか城主に同行して来られしならんも領主名も不明なり。之を以て大竹氏の祖なる事と明らかなり。

> （村瀬版の註）大竹古屋敷
> 所在地　五井町字中郷
> 状　態　丘陵地、宅地にして３０平方メートル
> 城　主　大竹藤兵衛　　　　　　　　　　　　　　　　　（市誌）

〇**本多姓**は本多倉吉の家を以て初めとす。此の祖は、五井城主岩津松平后五井姓となり

し領主に仕え居られ、五井城主御城換えせられるや、自らは此の地に残り、民間に下り農業従事せられしという。時の家老職なりしという　　。

　先年、五井様の長泉寺にて三百五十回忌供養の節、家老職として法要に禮服にて参詣せられし故に明らかなり。五井様記録にはありしならん、本多倉吉先代に於いて其の血統は切れたりしも、其の屋敷を預かり[し]ものなるを以て、本多の姓を名乗りしなり。之を以て本多の祖となりという。

（村瀬版の註）本多古屋敷	
所在地　五井町西郷	
状　　態　丘陵地にして宅地２５平方メートル	
城　　主　本多氏	（市誌）

〇**足立姓**は安達藤九郎盛長の末なりというも、七百年を経るも、猶一、二家なるより見れば、何姓かの縁者または奉公人が足立姓の屋敷に家を造りしより名乗りしや、又は自分に自由に附したるや、何れにしても古きものにあらんと傳うるも詳らかに調ぶる資料なし。足立孫六、今の足立セン、足立の祖なり。

〇**竹内[姓]**は鈴木彦十氏の分家なりと竹内政八氏は言われ、□□せられし故を見れば、之は鈴木氏の縁者または奉公人の分家して竹内氏を名乗りしものならん、詳らかならず。竹内浅右衛門（今の竹内直次）、之が竹内の祖なりという。

◎**林[姓]、渡辺[姓]**は大正の世に他より寄留したるものなり。

◎**多田の姓**は常円寺を初めとす。多田恭氏の曰く、多田は遠江の國の何寺の僧、此の地に来たり、真宗を廣むる為、堂宇を建立せられしという。勧学院（天台宗）焼失せられるの后なり。之を以て多田の祖なりという。

（註：多田恭氏は、常円寺の輩出した学者で、東京の経堂にあった公文書館の館長をされた偉人）

１４．五井の教育

　明治維新以前は寺子屋と云って其の土地の少し學ある人に付き、自分の心あるもののみ學び居り。學科は習字、讀本の名頭、珠算を以て學科とし、明治初年以前は、私の聞く處によると真清寺、長泉寺、常円寺住職及び、民にては鈴木彦十、大竹武兵衛等に付き、學びたるに過ぎず。故に自分の通用になる迄には行かぬ有様なるも、明治八、九年の頃より小學校というが省令に定めらるるや、牧山真牧寺の庫裡を借り受け、五井、牧山、平田、新井形、府相、生徒之に學ぶ事となり。教師は西ノ郡松平領主の家老なる鷲津突夫[原文不鮮明につき名前は不正確]氏主となり、其の土地の少し學ある者を頼みて教師となし居りしも、教師と言うても今の尋常六年生の生徒の學より劣る位の人なり。其の后、卒業生を代用教師として用いられ居りしも府相は蒲郡村に通學する事となり、其の時豊岡村（五井、牧山、平田の三ヶ村合併村）となり、新井形は明治二十五年頃蒲郡村に通學する事となり。

　初めは一年に二回試験を行い、半年を以て一級づつ進む事となり居りて、初年は六級、

五級、四級、三級、二級、一級、中等六級、中等五級迄級あり。明治二十壱年頃なるや、一年、二年、三年、四年生級となり、卒業后、高等小學校に入學する事となり居り。明治参拾一、二年頃に至り、校長は中學校卒業生か又は師範出身[者]を初めて使用するに至る。

　高等小學校は初めは、蒲郡町、豊岡村、静里村、神ノ郷村、三谷町、塩津村を以て設立し、其れに形原、西浦、深溝、六ツ栗方面より入學者あり。次いで三谷町は獨立し、塩津、形原も又獨立するに至り、蒲郡町外三ヶ村となる。

　尋常小學校を六學級生となりて、高等[科]は二年となり、尋常六年卒業者は中學校に入學する資格を得る事となり。六年を普通教育となりたり。

　日清戦争后一新して、教員は師範[學]校出身者を主に使用する事となり、學科は多くなり。初めて諸外國と相並ぶ事に至りたり。明治初年頃は今の□□と少しも変りなしと思う。

(註：名頭とは、江戸時代、寺子屋などで源・平・藤・橘・菅などのように、有名な姓氏の頭字を列記して、読み書きの教材に用いたもの)

１５．五井の区政

○区政に於ては、昔は庄屋というあり。其の人の盛んなる内は一代にても勤め居りし由、下に百姓惣代という役もあり。其の下に組頭というあり。島には下五井組、川池の島、西川ノ組あり、島の土木頭というあり。

　又、改正せられ戸長となり（元の庄屋）、副戸長あり、組頭あり。戸主は諸事の相談、五人組頭に相談する事となり居りたり。（組頭は五人長）。其の后、区長となり、副区長あり、下に組頭あり、相談する事となり居り。其の后、副区長は区長代理者となり組頭に相談する事となり。其の后、組頭に相談するを区會議員を作る事となり、大字中にて八名を配置せずに總選挙をする事となり、諸事区會議員に於て相談する事となり、又、区[會]議員を十二名とし、又、八名として現今に至る。

　相談事は区會議員、同権地方の町會議員、役場員も共に出席する事なりしも、何時の頃なるや役場員は出席せぬ事となりたり。

　神社會計は氏子惣代に一任し、不足額は区より請求する事になりたり。又は宮金世話方よりも請求する事を得る。

　観音[堂]金、共有金、世話方二人づつあり、区長の管理の元に収支をして居る。各組には島の講碗の世話方あり、各々之が管理して居る。

（註：島とは、村の運営の地区分割単位。字、小字などとは別概念）

（註：講碗とは、いわゆる講の方式で、什器を融通し合う組合組織）

○地籍は明治九年に初め地籍なるもの出来、初め測量して山林、田畑共に反別を正確にする[に]至り、又明治十七年、又測量して土地臺帳というもの出来、土地の戸籍が出来上がる事となりたり。其れ以前は地券証という一筆毎に厚き紙にて券状を造り、之を以て戸長に於いて賣買の年月日、戸長の姓名を記入し、捺印して初めて賣り渡したる事にな

る事となり居り。明治十七年、地籍土地臺帳の出来るや、裁判出張所（登記所）に於いて賣買証書と相違の有無を調べて、登記所長署名捺印する事となり、全く正確となりたり。

〇<u>消防</u>、初めは火消しと云い、村中誰れにても、火事ある時は三尺位の鳶と自分家手桶を持ちて行き走り付けて、桶にてほかり掛け居る位にて火を消す事は出来ざりしも、明治二十一、二年頃各村に消防組を作る事となり。消防の長を總と言い、消防は年令を十七才より四十才迄と定めて初めて木製のポンプを買う事となり。手桶、手鳶、大小鳶を備え付け、事ある時は之を全部持ちて出場する事となり、大いに進みたりと言い、又二十七、八年頃より公設消防組となり。組頭一名、小頭一名、會計一名を消防手より選擧し、之の指揮の元に活動する事となり。漸くにして軍隊教育をする事となるも、學校のなき頃に育ちたる人が突然軍隊教育とは、と云い居りしも、學校卒業[者]のみが消防手の時代となり、初めて軍隊教育も進み、各町村共に教練の試会となり、警察署の検査を受ける事となり、今に至る。

公設消防は警察署を補佐する事となり、水、火、盗防其の他警察署の必要と認むる時は何時にても召集し、署の指揮の元に活動する事となり居る故、国防の為喜ぶべきである。

初め明治三十二年頃服装を買い、明治三十六年に木製ポンプを[やめて]金属製ポンプを買い、大いに進みたり。蒲郡はガソリンポンプを買うに至り、今に至るなり。消防も軍用の豫備の見込であるという。
（註：「ほかる」は、中部地方の方言で、放つ、捨てる、の意。「ほうかる」とも言う。）

後記

此の資料は病氣の為入院中に拙者の聞き、又は調べ、又は覺へ居る事を記入したるに付き年代記もなく他に調ぶるものもなき故に年代不詳又は相違の点あり。又頭病の為、字の相違沢山あり、ご承知ありたし。后々至れば昔事も分明せぬ事になる故に、后の参考資料として記す。保存すべし。

資料編（断簡：「八幡社文書」からの転写であって、五井史の一部ではない）

〇樹木
◎大杉
五井山の中腹にあり廻り約一丈六尺（註：約4m85cm）高さ五丈（註：約15m）、樹勢旺盛なり。此の杉は往昔五井山鳴動せしことあり。郷民大いに驚き如何せんと右往左往し易者をして卜せしに曰く山樹を伐採すること甚し為に山神深く之を怒り給ひ鳴動するなり。之を鎮むるには山腹に宝珠形の地を割し其の中央に樹木を植え神と崇め奉れば鳴動速に止むならんと言いければ、村人集まりて此地に杉樹を植え以後乱伐せざる事を誓ひ、祭祀したれば、直ちに鳴動静止したりと云う。其の杉の年と共に成長繁茂したるものなり。

（註：五井史本編には、資料編の存在が書かれている。本編の手書き原本は著者の子孫の家に保管されているが、資料編の原本は所在不明である。しかしなぜか、他の家にあった五井史本文のコピーに紛れて、この、樹木編の大杉のページのコピーが綴じられていた。調査した結果、それは、本書第3巻中の「八幡社資料」からの転写（筆写ではなく、写真複製）と判明した。筆跡は五井史と似ているように思われるが、本編の送り仮名がカタカナであるのに、資料編はひらがなという違いがあり、また、使用された便箋は五井史本文とは全く別であることから、別人の手になるものかもしれない。

　五井史の資料編は、未完か、あるいは完成後に散逸したのか不明であるが、もし完成していれば、五井史本編の文脈から、樹木の部以外に、宝石の部、二ツ岩の由緒の部、等が含まれる事が推測される。しかし、その概略は本文に記載があるので、おおよその内容推定ができる。なお、ここに記載された大杉の伝説は、五井史本編の内容とは後半がかなり違っていて、西の郡松平領主は登場せず、完全な異伝となっている。

五井史　編集後記、謝辞

　この第二巻「五井史」の原本は、昭和22年の著者逝去から約40年間は、その存在自体、ほとんど誰にも知られることが無かった。それが、平成の初め頃から原本のコピーが地元の一部の人間に読まれるようになった。その後2人の人物によって別々にワープロ化された。（村瀬版は平成9年発行の「社寺（蒲郡）を訪ねて」第16版から第18版にかけて連載された。小笠原版は完成時期、配布数ともに不明）しかし、それらはごく少部数が印刷配布されただけであった。

　そのような状況が続いていたが、このたび、神野教育財団の2022年度（第19回）教育文化助成を頂けることになり、第一巻「五井を知ってますか」と一緒にワープロ原稿に仕上げて正式出版する運びとなった。ワープロ化は、小田哲久、小田吉秋、小田美枝子、渡辺充江の4委員が分担して入力、編集した。編集にあたっては、精密な考証が行われた小笠原版をベースに、村瀬版の読みやすさを加味しつつ、原本に当たりながら作業した。

　今回、第三巻として資料集を企画したが、資料調査の過程で、五井史の中で語られる内容と類似の、より詳細な記述が別の文書中に見いだせた。それらは五井史の中で「神社誌」として言及されている文書のことと考えられる。その神社誌と思われる文書は、「八幡社文書」として、第三章の中で原本の写真版の形で掲載することになった。また、古地図群を調査した際に、五井全図と銘打った、薄紙で大判の彩色地図が見つかった。それを精査したところ、五井史と全く同じ文章が随所に付随していた。それで、間違いなく小田玉五郎氏の手になるものと確信できたので、第二巻の冒頭に掲載することにした。この五井全図には、失われた古地名（小字名、山や沢の名　等）が、古い売買証文などの精査によって復元記入されており、著者の地道な資料研究努力には驚きを禁じ得ない。

　今回の原稿は、両ワープロ版に大きく依拠しており、両版なくしては、短時間の作業で仕上げることは不可能であった。あらためて、村瀬亘宏、小笠原久和の両氏に紙面をかりて御礼を申し上げたい。また、最晩年に病床で記憶を頼りに執筆された著者小田玉五郎氏、そして、著者の孫で、原本を見出して保管し、知人にコピーさせるとともに、小笠原氏に個人的にワープロ化を依頼された小田裕司氏、また、氏の御妻女で、今回の出版事業に賛同して、手書き原本と小笠原版の両方をお貸しいただき、出版を快諾された小田紀子氏の各位に深く感謝申し上げます。

　　　令和5年6月　　　　　　　　　　　　　　　　　　五井町文化財調査委員一同

五井史　索引

第三巻　五井歴史資料

五井町文化財調査委員会編

　五井には、歴代の総代（庄屋から区長へ）が引き継いできた大量の古文書がある。それらは蒲郡市博物館に寄贈されている。また、それとは別に神社の氏子総代が引き継いで来た資料は同館に寄託されている．比較的新しい資料は町に保存されており、それ以外に個人宅に保存されている資料もある。今回の調査結果の一部を整理してここに公開する。これらは、本書の第１巻「五井を知ってますか」、第２巻「五井史」の内容の理解を助ける面もある。

　紙面の都合上、一部しか紹介できなかった資料もあり、また、今回は紹介できなかった資料も多数ある。資料の探索作業と併せ、機会を得てそれらも公開して行きたい。

目次

1．五井の古絵図

（1）天保3年10月の五井村絵図

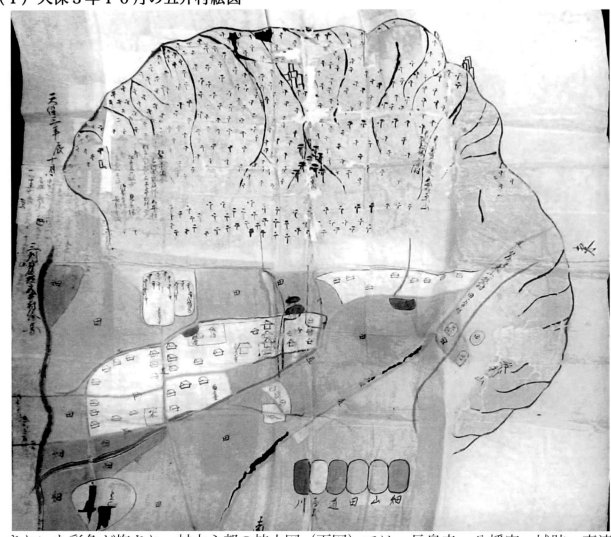

　きれいな彩色が施され、村中心部の拡大図（下図）では、長泉寺、八幡宮、城跡、真清寺、観音堂、常円寺がよく認識できる。（この時期はまだ「八幡宮」である。）

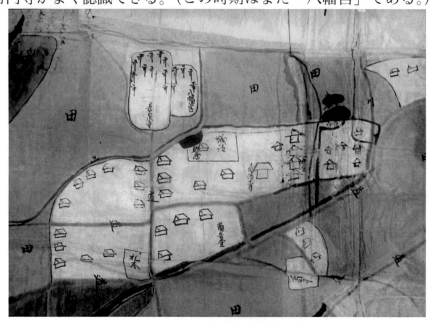

（2）明治4年4月の五井村絵図

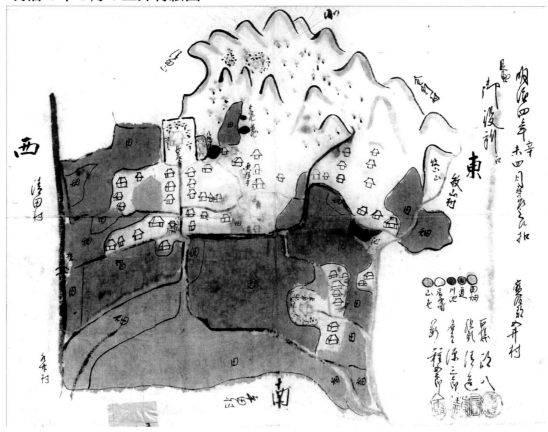

（3）明治8年7月の五井村絵図

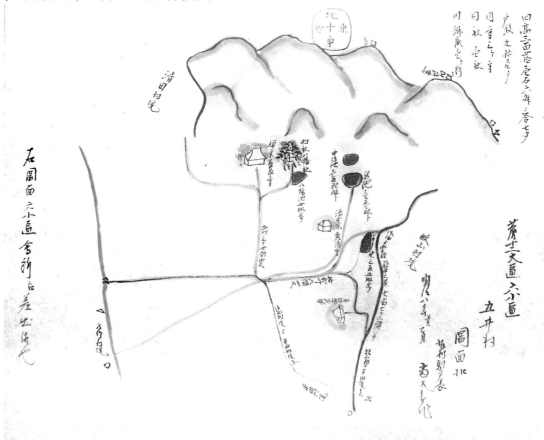

五井村副戸長から六小区会所（役所）へ提出したもの。

（解説）

　江戸時代、各村の庄屋は、定期的に絵地図を作成し、領主に報告する義務を負っていた。そして、地元には写しが残された。五井にも複数の絵地図が残されている。それらは、専門絵師の手によるものではないため、技術的には稚拙であるが、概略地図として当時は充分に有用であった。現在の目で見ても、主要街道や寺社が目印になり、充分に町内の交通や要所が判断でできる。これらの地図を見る限り，五井は幕末から極端な変化が無い事がわかる。面白いのは、各図には色分けの凡例がついていることで、それは現代の地図記号による表記法の普及する前の形といえる。

　ここに掲載した地図は、天保３年から明治８年まで続いている。明治政府が廃藩置県（明治４年）で支配体制が変わっても、暫くは、江戸時代以来の行政統治システムが続いていた様子が伺われる。ただし、明治８年の絵図は、もはや地目が何であるかの区別はされず、道路の距離や、村の総石高が書かれていて、絵図の性格が変化したことがわかる。

　各図を詳細に観察すると、「札木」が、天保３年と明治４年に、村の中心の観音堂の、やや西に位置する交差点の北西側に設置されていたようである。明治４年の図には、その形状も描写されていて、理解しやすい。

（備考） 存在が確認できた地図資料

　下記の地図資料が蒲郡市博物館に寄付ないし寄託されている。現物は一部未確認。

資料名称・村名	年月	備考
・絵図　付札　五井八幡社挙証	明治４年	
・五井全図	明治２１年	
・松平与次郎領分１１ケ村絵図　五井村　明治２年		五井村役人が三河県へ提出　歴史展示室に展示
・土地整理実測字限地図　五井村	明治２１年	山の地番絵図
・五井牧山絵図　五井村		
・五井牧山村絵図		
・各戸配置図　五井町	町＝村の時のものか.	道路，社寺，各戸位置と戸主名
・秋葉・守宮・庚申三社絵図面控　五井村　天保１４年		覚え. 社殿，敷地図，石灯籠高さ，広さの丈量，祭神，秋葉社分を欠く
・地積所在者図面　五井村	天保１４年	４号. 地番，所有者，道路

▽五井区有雑文書　　（雑文書ケース）
　　　　・山論絵図写
　　　　・中山西山分割地図　　明治３６年
　　　　・字別戸別地図，村内戸別地図，下草入札線　　　　五井の共有地，２冊
　　　　・墓地図　字別墓地図面　　明治２１年　　　　　　　　２冊

２．五井八幡社文書

（**解説**）この資料は、五井八幡社の氏子総代が代々伝えた文書群の１冊で、原稿用紙にペン書きされている。片面が空白のページは印刷から外した。著者、執筆時期ともに不明。筆跡から、複数の人物による筆写と思われる。より古い時代の類似文書（墨書）も複数残されている。小田玉五郎著「五井史」は，時代が下がってからの記述が詳しいが、重複部分も多い。重複は本書またはより古い書からの引用と推定される。

本文書は、蒲郡市史の編纂過程で活字資料化されている。(蒲郡市博物館版：非公刊) 将来の課題として、その博物館版を参考に、五井町文化財調査委員会の手で編集して出版したい。

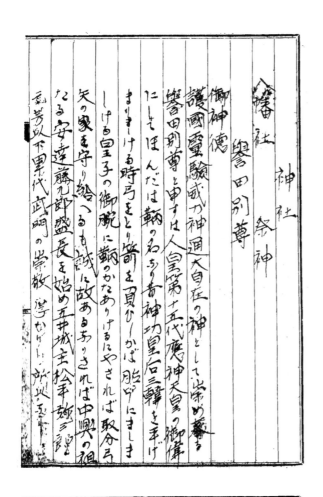

八幡社　神社　祭神

譽田別尊

御神德

護國靈驗威力神通大自在の神として崇め奉る

譽田別尊と申すは人皇第十五代應神天皇の御諱

にして ほんだは鞆の名なり當神功皇后三韓を平げ

ましける時弓をとり箭を負ひしかば肱に鞆にましま

しける皇子の御誕に鞆のかなありけるによやされ

矢の家を守り給へるも誠に故あるにあられば取舎弓

なる安達藤九郎盛長を始め五井城主松平輝盈

氣芳以下累代武朗の崇敬學むけしとなり 所以云々

松平外記忠實御擧致再興の其頃より専ら八

幡宮と稱せり 然るに慶應三年（紀元二五二一年）十一

月二十七日神祇道管領に請ひて八幡神社と改稱今

日に至しがいつしか軍に八幡社と唱るに至れり

神祇管領許可證左の如し

八幡宮

右靈威曰新村民膽仰後請稱

八幡神社故代御手以任其請異

神主等宣益致柔敬願新

聖祈無疆寓内恭平者莫敢失隆

故宣　奉

領主西郷松平主水守は毎年天下恭平五穀豐穰を

祈願せられ殊に兩氣に際しては領内五社廻りと

申し領主自ら巡拜せらるれば必ず靈驗あり

といふ

由緒

創立

不祥云れとも神社紀錄上によれば七十六代近衞天皇

御宇久安年中と言ひ傳ふ

神社名の説明

往古は若宮とあがめ一が寬永十五年（紀元二二九八年）

慶應三年十一月廿七日・神部伊織秀政

神祇道管領従三位侍従ト部朝良義

東条

人皇七十六代近衛天皇御宇の創立なり
三河守源範頼國司たり時安達藤九郎盛長
三河奉行となりて五井村に居住す
八幡宮は祖先以来崇敬自ら以て社殿再
興のことあり故に中興の初と云ふ是れ一行安徳天
皇の養和元年(紀元一千八百四十年)にして図東三百年間
何等考証の査を得ざるも後小松天皇の應永年

指定村社に例一習四十三年(紀元二千五百七十年)権一
殿大改築をなし条文殿を営み奉り一事拒の
禮をあつくする等大に敬神の愛を挙ぐるに至ら
れり

領主武家名門の崇敬
淳家の正安達藤九郎盛長公を始めとして五井城立松平
弥三郎元芽子孫代々領政鎮神として崇教せられ西郡松平
事と云も領収五社の中に倒さるる領主の崇教深から

社再興及修補
中興安達藤九郎盛長　中興の祖養和元年(紀元一一八〇)
再興京宅公の初先との事　應永年中 一四〇〇頃
再興大檀那京宅公　寛正五年 二一二一

中社殿再興のことあり破損り擁札によっても知
らるゝ
物支り里擁りて寛正五年(紀元二千百二十四年)に至り
藤原宗秀行は京家公の御加助により再興のこと
あり七十四年達たる後、後奈良天皇の天文七
代々年(紀元二百九十八年)五井城主松平弥九郎
信忠公武運長久新領のため社殿再興あり
爾来城主累代敬神亭く御賞殿再興又は
寄進のことあり
終て慶應参年十一月に更り其筋より請ひて八幡神
社と改称せり
明治四十年八月一日(紀元二千五百九年)幣饌供進の

両興松平太郎左ヱ門信長　天文七年 一九八
再興松平弥九郎景忠　永禄十二年 二二二九
再興松本外記忠実　寛永十五年 二九八
再興松本外記守護松平寅　寛文三年 二三二三
修葺松平主人　宝永三年 二三六六
修葺松平主人　延享四年 二四〇七
修補松平主人　宝暦十年 二四二一
修補松平弥殿正　天明元年 二四四一
修補松平雙殿り　文化五年 二四六八
御造立松平主人　文政二年 二四七九
修補松平主人　天保十四年 二五〇三
鳥居造立

III － 6

松平主人

松平主人

文政五年・二四八二

弘化四年・二五〇七

神領、
現今官地と稱し壹度余歩の田あり
領主松平氏の御寄進地と云ひ傳ふ
領主松平氏神社山崇敬の餘り御寄進のことあり

一拾四石九斗五升
　　　　八幡領へ

字
宝飯郡五井村八幡領とる

一重宗拾壹万歩神色残を御繩を拾
三石五升九斗に此成し処又文字鴻總拾四

百九斗五升に此成べき

三河國寶飯御五井村八幡宮燈明料領之事
右令有山林共に前に志今壯納
仕從に可當壯領る
外民許に成候に於今段
御市頂戴様に頼候かと
黄宗武四年三月十九日
松平玄壽頭
清島（花押）
寺社
御奉行所
（社家記録（天寶））

参詣

徳川家康参拝

家忠日記抄
天正六年九月十三日御祝言御いわいとして自濱松家
康も越し松平太郎左エ門歳振舞小
九月十三日卯時より顧隆家康御座敷へいて太郎
九之門所にて振舞小豆目飯濱
此の時五井八幡宮に御本拝すり御同族御祝の為め
の御來とて神前に女夫松の御手植あり（廻り五尺程
になりて現存す）
長篠合戦本陣の際松本伊呂参拝其他
領主松平氏御出陣又は御凱旋の都度御参拝

寶物寄進

弓二張　安達藤九郎盛長公より御寄進
一名此弓八矢島弓とて遷宮の際是を用ふ

鉾五本　松平太郎左衞門信長公

御拝横額源諸光公の御寄進　文政三年九月

砲彈三筒　陸軍大元寺内正毅閣下

円匙一個　右同

あり度き事なれば詳くは記さず
兩宮の度毎に領主御自ら御参拝のことは前
にも記したり

社家との関係

棟札に依れば寛正年間より大村家代々奉仕をなし社守なりし時は長泉寺之に変り其後代々大村家仕（明治六年より同じく制度廃かるより其後代々資格なかりしため大村家は奉仕することに止むなきに至り浦署田大宮榎本家に交代し之れより再び大村家の手に移りなりしが大村和泉長子佗嶋仕へなりしも規則改正し英に塩津村稲生熊作現今社掌奉仕するに至り依り寛正以前の社家の関係不詳なれど大村家仕へ奉りしは古老の傳ふる所なり

鞆田

于茲天職官鎌足公之後佩遠江守藤原

寺に隣れる若宮八幡宮を守護神として奉祀せられ社殿の衰顔を歎かれ再建の意を決して其後数ヶ月にして竣功を見るに至りされば八幡宮長泉寺は公の遺造による幡坂建物なれば社寺の関係殊に深く永く神職なかりし此を護經せられたりさきて其後明治維新の前進弥宜ありし頃と雖も其の習傳はりて試み長泉寺住職供僧まつれて家恃せうることは常なりしなり

直澄依武功肥前國藤津彼桝高來之三郡を賜ふ大村之城に住し其掾拾五代民部太輔澄次之男治部大輔秀所意有而武藝修行に出當國芦郡に至而足を止む維時常位し建久元年癸戌年七月七日御堂上に武と同月時々挙られ盛長公は神佛崇敬厚く特に弓矢八幡の崇拝一入深かりきされば長泉

寺院との関係

長泉寺は三河七御堂の一つにして安達藤九郎盛長公の建立にかるものなり公其の當時五井に居住堀川院寛治五年辛未十一月先攝

傳説

八幡記

八幡大神の祭日に卯月卯日を用ふるは初めて神とあらわれ給ふこそ卯年卯月卯の日なりしによる

八幡縁記

譽田の天皇護國霊験威力神通大

人皇十六代

御神石

神功皇后對馬の國に立寄給ふて波涛に白きなー石あり皇后大菩薩を懐妊し奉るに此石にて御腹を冷し茜胎収の太子日本の主と成給へらくば今一月不可生れ給ふとこーら被申御紀文にて此石を義体と思ふべしとて〻

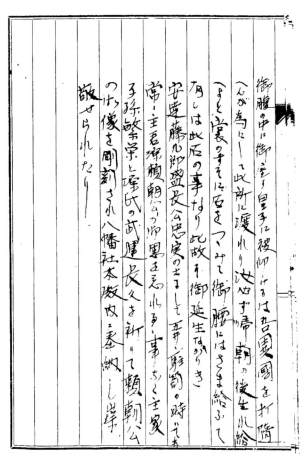

御腹の中に御座て皇子に被仰けるは吾が國國を打随
へんが為にして此所に渡れり泄れず帰朝の後生れ給
ふまと宣へ事それ石をつゝみて御腰にはさま給ふて
有しは此后の事なり此故ゟ御延生なかりき
安達藤九郎盛長公忠実の士として五井に殺罰の時ゟも
常に主君源頼朝ムツ卿黒王忘れ事ちく主家
子孫繁栄と窪氏の武運長久を新りて頼朝公
のへ像を間割さ八幡社本殿内に奉納し峯
敬せられたり

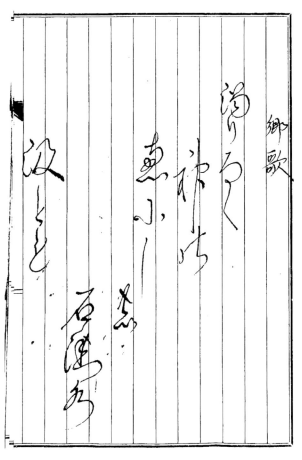

御歌

濁りなく
神代ち
恵小し
波ゝ

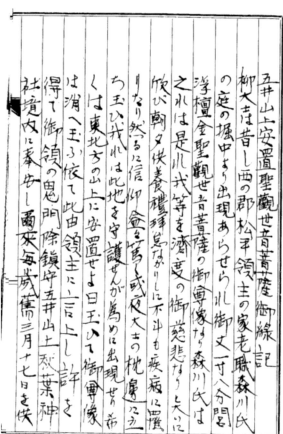

五井山上安置聖観世音菩薩御縁記
柳大吉は昔し西の郡松平領主の家老職森川氏
の庭の堀中より出現あらせられ御丈一寸八分間
浮檀金聖観世音菩薩の御尊像なり森川氏は
之れは是れ我等を済度の御慈悲なりと大いに
悦び朝夕供養礼拝怠りなかりしに不計も疾病に懺
りなり然るに信仰金を篤く或夜大吉の枕辺に立
ち玉ひ我れは此地を守護せんが為めに出現せり希
くは東北方の山上に安置せよ日玉ひて御尊像
は消へ玉ふ依て此由領主に言上し許を
得て御領の鬼門除鎮守五井山上愁葉神
社境内に奉安し画来毎歳旧三月十七日を侠

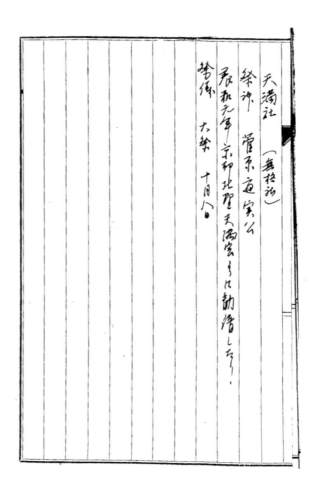

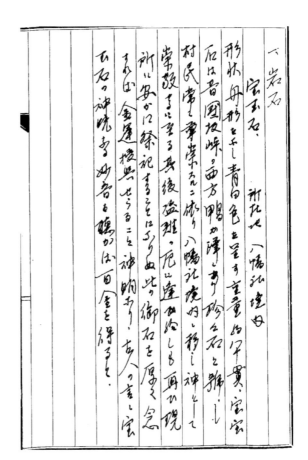

天満社　（無格社）

祭神　菅原道実公

展れ元年京都北野天満宮よりに勧請したり。

祭礼　大祭　十月八日

熊野神社　（無格社）

祭神　素盞嗚命・連玉男命　伊邪那岐命　其他

　御水尾天王御宇元和武年に伊国熊野神

人皇百千代

社より神霊を勧請す。

祭礼　大祭　十月八日

一岩石

宝玉石　祈北せ（八幡社境内）

形状丹形をなし青白色を呈す重量名百斤貫宝宝

石は昔国技峠の西方鴨か澤より移し石と称し

村民常に崇敬し崇めさ二依り八幡社境内に移し神と

崇敬す　其後疫病流行し此山蓮か冷しも再び現

れに安から二祭祀さを以て此の御石を厚く崇

敬し金運授興せらるゝ二神明あり　去る者ら

玉石の神晩す刈者を鶴かは百金を得るとゝ

二ッ岩、

五井山の山峰東端に老松の三四本立立するあり　これを

二ッ岩そゝ老松の根元に二ッ臣岩垂姿し無岩根を

混名として清水漲るし庸を大旱魃に際會する庸水

に乾雪を知らず實に不可思議なる大旱天の事

あり　細脆に枯れ老し　各村々は氏神と雨を祈願

を行わも雨降らず農民心労一○弾くよりな此時

調を松平某は二ッ岩の雨気の霊験顕著することを聞か

れ農民に命し焉くなれば二ッ岩の岩

前を轟大を以し岩下濱水を山上より打ひるため

孫を千だり其後儀か大雨あり農民大いに喜び二ッ岩

の霊験のあちたか手祭奉たりとえ　此其後二ッ岩神社

III ― 11

古墳墓

古墳、

世俗には火の災の人家に謂ふ圏坟。麓に約半町の山林中にあり深
さ八尺東行六尺余圏圏は石壇を以て積上ハには
大手石を以之震小者年期を得て当此附近に立并似たるもの数多
古墳寺と多し此寺破壊若は半破壊し完全なるもの只一ケ

古墳（瑞玉神）

黒人俗に虎神様と唱ふ孫平山参道裏坂妙書院の山麓通過

古墳墓

方運蓮西大居士を称し遺骸を此寺に埋めたり

千手魔致縁琿源円大姉
長泉寺殿日寿理琿大居士
広徳院殿境徳源宗大居士
黒光院殿保琿源大居士
浄秀院殿里墨琿琿大居士
平東院殿高室護大居士
（幸寿院殿誉宗無大居士）

古墳墓

安達藤九郎盛長公の墓、長泉寺境内
形状は五輪塔にて大孝兵衛塔なり
盛長公は源頼公の童臣にて神備常致厚く後
村夫皇文應年中三河群行にて五井に陸刷宗孝峯島
り三河に御運を送営す今ケ長泉寺は元安孝院様に
し其一子より伝正應二年四月二十六日寂す諱名を浄秀院殿
年四月十七日倒揀日も

と獅し旱末毎に雷祈祷をふまもかって一夜か雨降らむ
りしことおり

樹木

（脱桁姫 大杉）

五井山中腹等ニ廻り約一丈六尺高さ五丈、樹勢壮なり

此杉は往昔五井山噴動せしとき、御民大いに驚きて何ぞと住民右往左往し噴煙を下しつつ田畑山樹を伐採えし其苦しみを山神哀みて之を慰め鳴動まりしを鎮め……

女夫松

所在地 八幡社境内にあり廻り約七尺九寸地上三尺の所にて二又と為り女松男松と合れ共樹勢風丰り…

（家光日光）

柏

常用寺境内に有り廻り約七尺四寸高さ実五丈、

井戸

五ツ井

神亀年中行基菩薩は此地に来れ住民生理容易ならめ行基古井の図を造れ五ツ井戸を穿掘きれたり今に至るも其井此地に増々清水を湛へ一旱天の時と雖も減水すること無し

行基は五ツ井戸中一つあり行基菩薩の行れ依行基いふ…

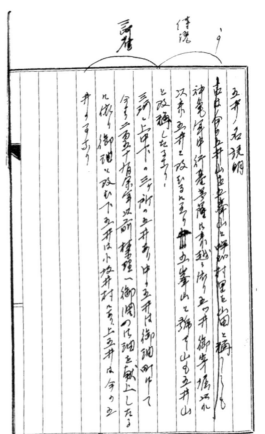

城跡

五井城跡

八幡社境内の西南に在り、今も城外御堤と外堀の一部現存す。

五井松平家の墨書あり

和泉守佳光　初代五井松平外記

武　佳長

忠次

五井景忠

忠昌

忠実

（疑史）

五井城の関　松平和泉守信光七男より起て雑役云々を経て五井

松平家重

五井松平家の事

文明三年岩瀬城に和泉守信光七男

徳川長親を攻め城を大場主膳

元忠島より天文九年に織田信秀

松平長家兵を率ひて徳川慶雪忠次 佳長子（疑史）

天文十六年九月

書の刀は忠次（五井松平）家重

五井の名称説明

信濃　高槻

五井山　村　五峯山

代々力を尽し忠次の子忠興其後に居り届けたりと云ふ 〔松平〕

忠次の子早世忠良永禄三年五月家康公は尾小牧根城を攻むるや時捕卯年を助けて去年尾張宗の門後又其景忠承康の命を達けて之を追ふ婦川合戦三玄栗の類に

も戦功ありて天正三年五月武田勝頼大軍を率ゐて長篠城を攻む其時長篠城に奥平信昌を援けてよく防戦しより其後長篠城を守護め陣を赤従ひ徳川氏に

続御敵国の時玉井村を賜る忠昌子伊昌は天正十八年日家康公関東に入国の砌り下総国佐倉に於て五千石を賜ふ 〔寛政重修諸家譜〕

慶長三年四月十五日将軍代昌富時十四日秀忠公御前を元服御禅の字を賜て弥一郎忠実と号す此時は御

○長泉寺
開闢　菅原行基大士

神亀年中行基大士は東国遊化の日其境靖諄ふ処を愛し給ひ梵宇を建立し子寺観世音の像を彫て奉納しより其専修せ峯山神聖院と称す其後慈心僧都来りて東方教音の三峯仏を鋳て安し奉り之を以て本専を修復し文路算中興開基と称す此年は三阿七郷書を一にして廣八宣唇長中奥関以東安銀院と梅ず

るより永正年間大権現立寺城主大功卿為長勝会書心原を一にして廣八宣唇長中奥関以東安銀院と梅ず

国友保村長興寺嗣脈祥山恵頼禅師を請して住山をしめ是より曹洞宗長泉寺と改む

寺の北方なる当を原籍靖田村へ勧学院と云云り其附近に三十六坊より当寺其中の坊頭して其寺は安報院と云小行書大士寺の裏山に岩屋を造り庵居し南其岩山に弘法年中建れし三世代為岩仏を彫き石を用ゐて本尊

前庭に石山を築きたる 〔風土聞書洪創南束〕

一千手観世音菩薩　行基菩薩の作

一東方三尊仲菩師薬日光、月光両菩薩　慧心僧師の作

一不動明王毘沙門天王不動明王　運慶の作

右は慧鐘銘れ入りし明か

一三阿七郷書の下　泉鴨朔・御書足立廣み沙国長ラ

産を絶し

III － 15

常圓寺

當寺ハ圓融天皇天延三年源賢法印源満仲ノ弟、稱ノ開ク所ニシテ本ト天台宗ニ屬シ大燈寺ト號せしが、文暦ノ頃、當時ノ寺主善明、親鸞聖人ニ歸シタルヨリテ真宗ニ轉じ、寺號ヲ善明寺ト改ム、爾後、慶海、慶行ノ興ニ、慶診ニ至リテ再ビ寺運ヲ經て、順明之ヲ承ケ、慶診五年ノ三処寺號ヲ常圓寺ト改メ、慶延寶五年ノ三処寺號ヲ新ニ規摸ヲ整へ、慶範、公堂嚴ヲ經テ今ノ日ニ及べリ

本尊　阿弥陀如来
阿弥陀如来尊影　顕如上人裏書
薬師如来像　傳教大師作ト傳フレド未ダ明カナラズ、轉宗以前ノ本尊
釋迦如来像　暹羅ヨリ将来ノ仏像
境内坪數　一三二二坪
檀徒　三三五戸
現住事業
例年規定法要　一本堂
日曜学校
少年会　臨時法要　百四
檀家例年規定傳道集會　青年会　一
少年会　致ドコ十回
致ドコ百四
本堂　昭和三年數築案　内陣寶文年代
庫裏　明治四十一年
座敷及門　文政年代
鐘楼　安政二年

當圓珠ニ三カ七御筆ヲ建造...建文元年發成十月七御
宮ニ上架式モ同日ニ行ふ（圓事録ニ）

一御朱印
町史記載ノ通リ

観音堂　元拝鏡庵
半本ニ十一面観世音菩薩　行基大ノ作
長尾寺種隆ノ縁ニ別ニ一閣ヲ構フ...卿ち君を拝鏡庵
之志由　長尾寺十三世所...拝鏡庵ニ安置
閣居ノ親所第子

妙喜院

真言宗　真言宗

真言宗　真言宗

（吉永寺別ノ由来）

3．八幡社再建寄付者名簿及び領収書

（解説）蒲郡市博物館編集の、「蒲郡の建築」（平成21年）では、五井八幡社の建物について、「記録に、『拝殿は明治44年の竣工、社殿は大正2年の再建』とあるが、これらの記載も根拠が明らかでない」、とあるが、地元では、拝殿は明治43年の再建が自明なことと考えられており、証拠の品も残されている。ここに示す書類は、小田昌廣氏の家に残されていたもので、当時の寄付が五井住民だけでなく、蒲郡一帯、豊橋、岡崎方面から、さらに県外からも多数寄せられていることがわかり、単なる修復程度では無い規模とわかる。また、当時の神社の会計担当（小田権太郎氏）からの寄付金領収書も存在している。ここには、ごく一部を示す。金額は、自由意志に加え、村や神社での役職で、ある程度規定されていたように見える。なお、当時、八幡社の再建のために宮大工の一群が五井に住み込んで仕事をし、竣工のあとも暫く五井に留まって一般住宅（瓦屋根中二階構造の農家）を数軒建てた、といわれている。

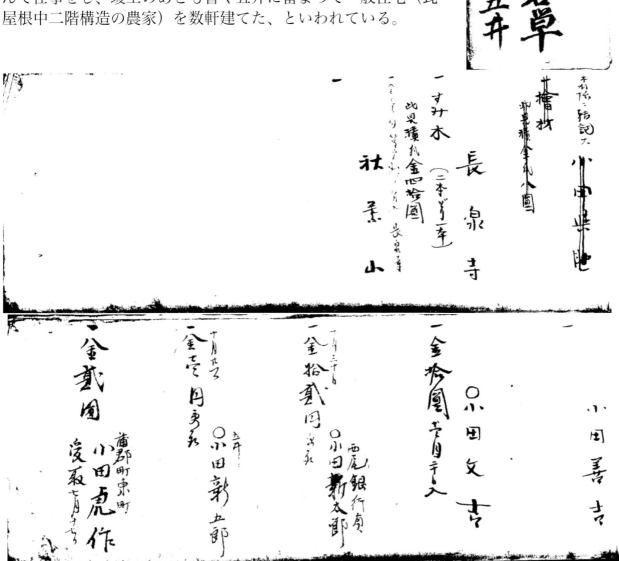

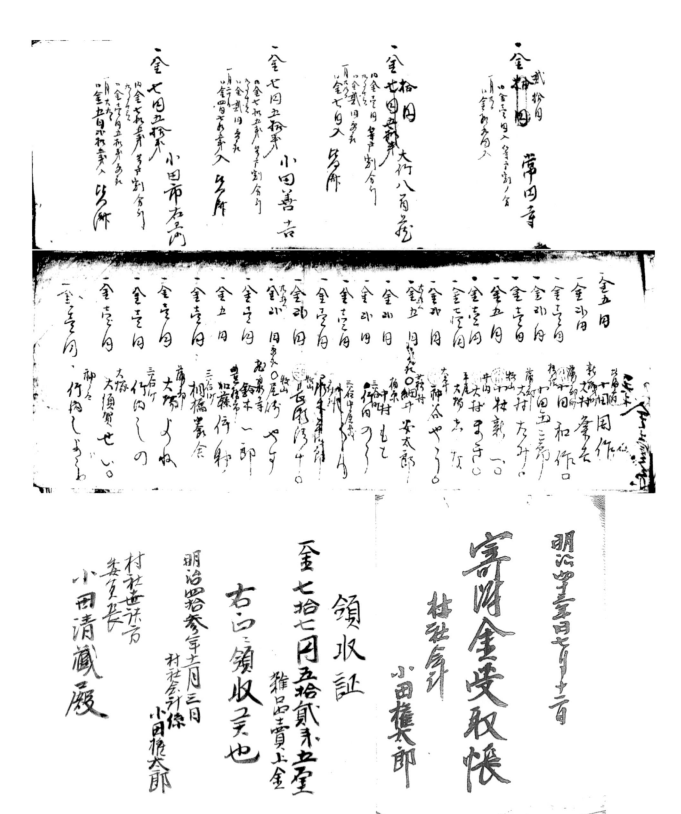

内容の精査はまだ行われていないが、五井村及び牧山村と合併して豊岡村を構成した、隣接する平田村からの寄附者名が見当たらないのは、奇異な感じがする。まだ見いだせない別冊があるからか、あるいは、江戸時代以来、水の分配で争いが絶えなかった事が背景にあるかもしれない。

なお、資料全体は膨大なので，ここではそのごく一部を掲載した。

４．五井八幡社本殿改築申請書

（解説） 五井八幡社の拝殿は明治４３年に改築されたが、本殿は昭和１５年竣工予定の申請書が残されている。昭和１５年は日米開戦直前であり、工事は行われなかった可能性が高い。「蒲郡の建築」（2009 年）には、「記録に社殿は大正２年の再建とあるが該当する棟札が見当たらない。現時点では、幕末から明治期の建築とする」とあるが、次の章に示すように、旧本殿は、新井形八幡社へ移築されており、小田玉五郎氏（五井史の著者）の尽力で実現したとある。これによって、移転時期はかなり時代が下がると考えられる。仮に大正２年の再建とすると、築３０年未満での改築が現実的か、疑念が残る。

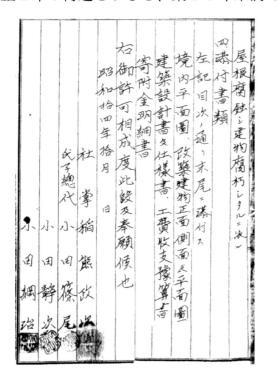

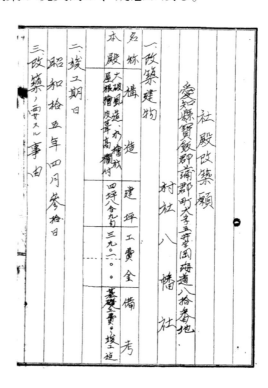

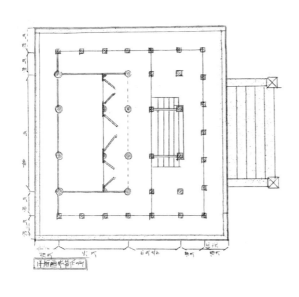

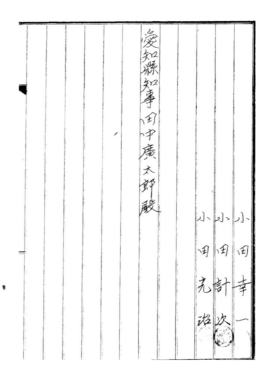

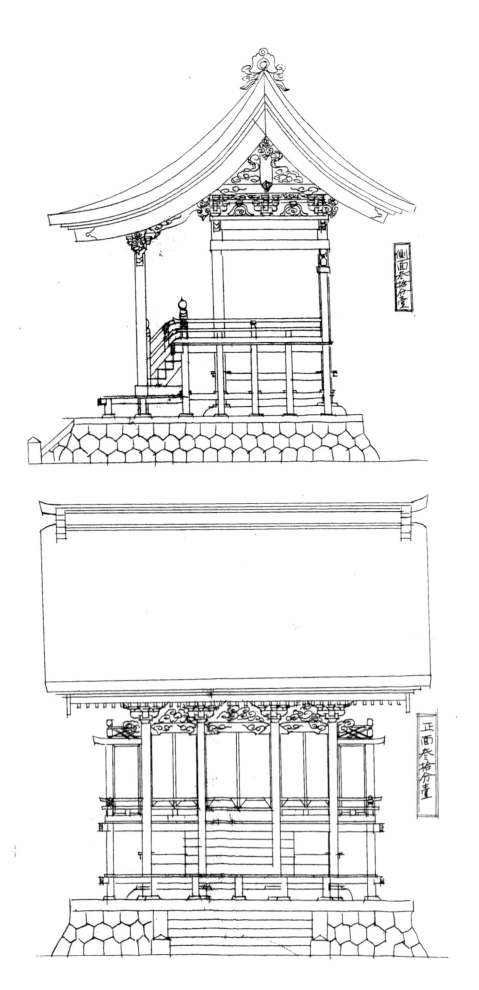

側面参拾分壹

正面参拾分壹

申請書には、工事設計書、工事収支予算書、神社本殿改築設計内訳明細書、図面（ここに示した図他）、八幡社本殿設計書（詳細な個別部材の見積もり等）、が添付されている。

5．五井八幡社旧本殿、新井形へ移築

（解説） 五井八幡社の旧本殿は、享保八年（西暦1723年）に建て替えられたが、その後、200年余の年月を経て改築された。しかし、旧本殿は、この板書にあるように、小田玉五郎氏の尽力で新井形八幡神社（蒲郡市新井形町）の本殿として移築再活用されるに至った。

その本殿は令和五年の現在も健在である。拝殿は近代住宅風の平屋の建物であり、側面（裏手）に廻ると本殿の存在がわかる。

享保八年宝飯郡之国司之発起ニ依リ蒲郡五井村八幡社之本殿トシテ新築セラレシモ而来弐百有余年ヲ経テ再ビ改築セラルニ當リ新井形氏子ノ懇請ニ依リ蒲郡町大字五井ノ有力ナル小田玉五郎氏ノ尽力ヲ得テ遂ニ新井形當神社之本殿ト成ス事ニ決シ総工費金三百廿円ヲ以テ之ヲ完成ス

新井形八幡神社本殿

6．八幡社宝物
（1）八幡社宝物　図板A

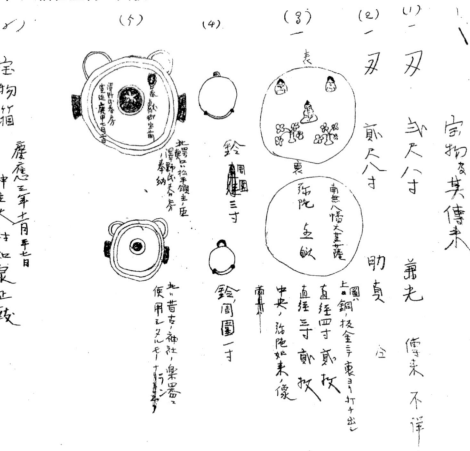

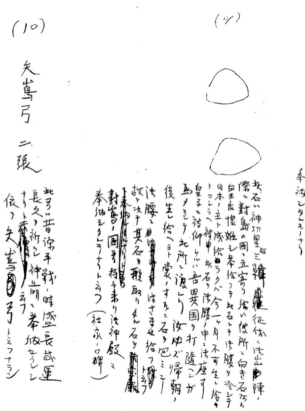

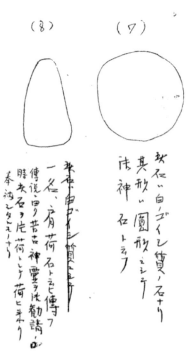

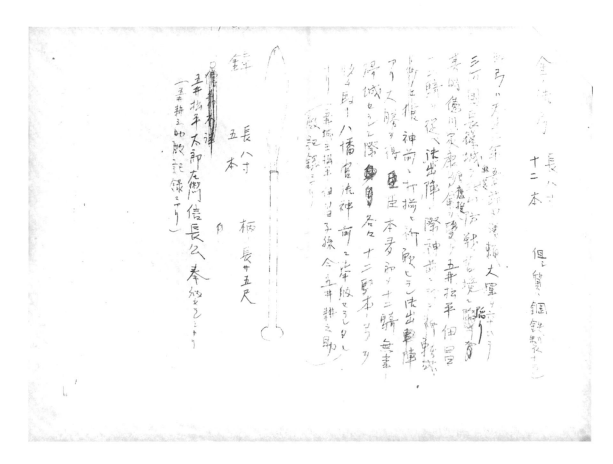

（２）八幡社宝物写真

　書物（不詳）に掲載された写真．この写真の時点で、鈴は1個に減り、打ち出し仏は見当たらない。図の右は宝玉石（ちんちん石）

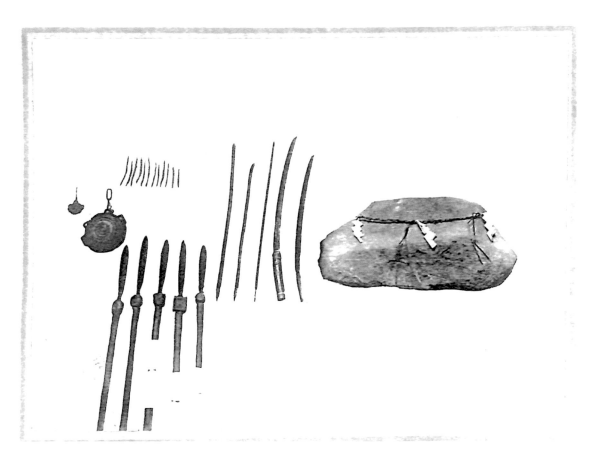

（3）八幡社宝物　図版B

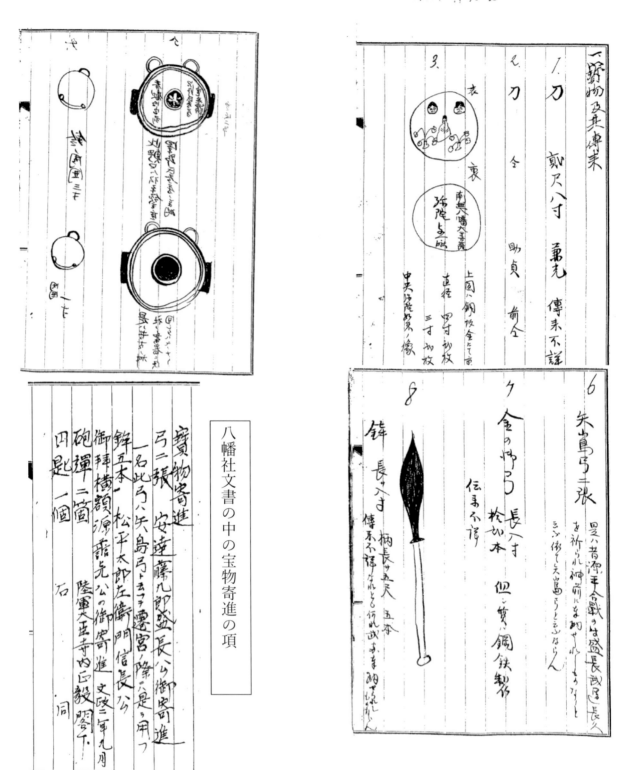

八幡社文書の中の宝物寄進の項

　　（解説）八幡社宝物は、R5年3月の委員会調査では一部しか確認できなかった。白石1個、砲丸1個、鉾、竹弓2張、矢1本、脇差1振は確認できたが、太刀1振、鈴2個、楽器1個、打ち出し仏1体、円匙1個、は見当たらない。現存品、特に鉄製品は錆の進行著しく、辛うじて存在を認める程度。鉾の実態は槍であるが、神事用の鉾とするため、木製の柄の上端を膨らませて鉾の形としている。

7．八幡社の昔の写真 （宝飯郡神職会「神社写真帳」大正11年より）

右手前に、伝説の「家康公お手植えの夫婦松」が見える。

右手奥に古い社殿が見える。
（「神社を中心としたる宝飯郡史」にこの写真の引用あり）

8．秋葉神社の昔の写真（下段）

蒲郡町大字牧山　無格社　日吉神社

蒲郡町大字五井　無格社　秋葉神社

9. 観音像引渡しの証

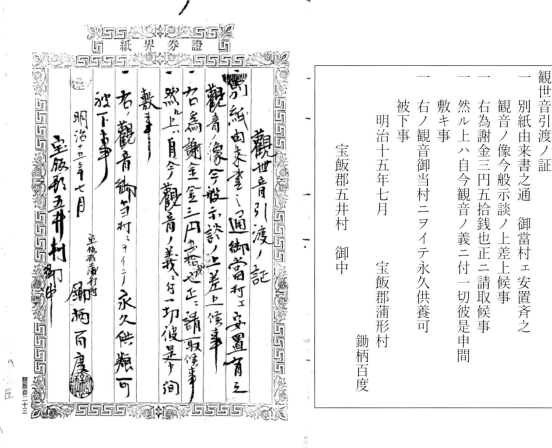

観世音引渡ノ証

1、別紙由来書ノ通り、御当村へ安置済ノ観音像、今般示談ノ上、差上候事

1、右ノ為ニ謝金三円五十銭也、正ニ請取候事

1、然ル上ハ、自今観音ノ義ニ付キ、一切彼是申ス間敷き事

1、右ノ観音、御当村ニオイテ永久供養下サルベキ事

明治十五年七月　　宝飯郡蒲形村　鋤柄百度（印）

宝飯郡五井村　御中

（解説）

　宝飯郡蒲形村（今の蒲郡市の一部）の鋤柄百度という人が、元来五井村にあった筈の観音像を、示談の上、五井村に引き渡し、３円５０銭を受け取った。それで、今後は一切、観音について文句は言わない。五井村では、観音像を永久に供養し続けていただきたい。こういう内容の、謎めいた証文が残されている。何らかの原因で五井から離れてしまった仏像を鋤柄氏が入手し、五井に無事返却されたらしい事がわかる。

　その観音像が、現在のどの観音像かは、決定しがたいが、可能性は次のとおり。（１）観音堂の本尊。（２）祭礼の時にのみ秋葉神社に移動して鎮座される小仏像。（３）その他、未知の仏像。ここに記載された別紙「由来書」が発見されるまで謎が続く。

１０．大杉永代保存に関する覚書

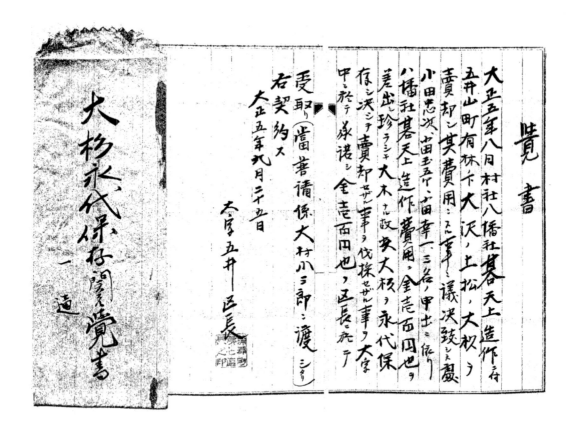

覚書

大正五年八月村社八幡社碁天井（註：格天井<ruby>格天井<rt>ごうてんじょう</rt></ruby>）造作ニ付き、五井山町有林ノ下大沢ノ上松ノ大杉ヲ賣却シ其ノ費用ニスル事ヲ議決シタ處、小田忠次、小田玉五郎、小田幸一、三名ノ申シ出ニ依リ、八幡社碁天井造作費用ニ金壱百円也ヲ差シ出シ、珍シキ大木ナル故此大杉ヲ永代<ruby>永代<rt>えいたい</rt></ruby>保存シ、決シテ賣却セザル事ヲ伐採セザル事ヲ大字中ニ於テ承諾シ金壱百円也ヲ区長ニ於テ受取リ（當普請係大村小三郎ニ渡シタリ）
右契約ス
　大正五年九月二十五日
　　　　　　大字五井区長　[蒲郡町第七區長之印]

（**解説**）八幡社右手から真っ直ぐ北へ進んで五井山へ登っていくと、途中に水場がある。そこから右手へ上り、尾根を超えて谷を渡ると秋葉神社に至るが、尾根から右折せずにそのまま少し左上（北西）に移動したところに、伝説の大杉がある。伝説は、山鳴りに始まって松平領主も巻き込んだ事件で、「五井史」や、「八幡社文書」にも記載がある。また、「五井を知ってますか」の付録「五井のお話し知ってますか」に平易な紹介がある。

　その大杉が神社の天井の修理のために切り倒されることに決議されたところ、３名の有志がお金を出し、切り倒さずに永代保護することにした、その契約書。感動的な話だが、原本は博物館には寄贈も寄託もされていない。今も町内の倉庫に残っている可能性が高い。

11. 落葉スキー

（解説） 妙善院の右脇を奥に進むと、やがて右側に脇道が現れる。その脇道へ入ると、そこは旧スキー場である。当時は松の木が多く、かなりの傾斜を利用して、世界初と銘打った落ち葉スキー場が開設されていた。第1巻「五井を知ってますか」に詳細記事がある。

ラク一
塩一スキー塲設備工事
愛知縣高部町式月曲三岡塩塲スキー塲
塩一スキー塲入口下開墾式記念アーチ
村二約北車下車高部高...
恩オ塩スキー塲開墾作業...恩オ塩スキー塲

ラク一
塩一スキー塲設備工事
愛知縣高部町式月曲三岡塩塲スキー塲
塩一ノスロープ三番
村二約北車下車高部高道...
恩オ塩スキー塲開墾作業...恩オ塩スキー塲

ラク一
塩一新スキー塲設備工事
愛知縣高部町式月曲三岡塩塲スキー塲
塩一ノスロープ二番
村二約北車下車高部高道...
恩オ塩スキー塲開墾作業...恩オ塩スキー塲

編集　五井町文化財調査委員会

委員の構成

委員長　大村栄

事務局　小田哲久

委員　大村公昭、小田智弘，小田美枝子，小田吉秋，渡辺充江

顧問　小田昌廣、小田美智子

本書は、蒲郡市五井町の歴史と文化を紹介するもので、一般市販も行います。

内容に関する質問やご意見、また、直接購入希望などは、下記へご連絡ください。

oda@aitech.ac.jp　五井町文化財調査委員会事務局

「五井の歩き方」—愛知県蒲郡市五井町の歴史と文化

2023 年 6 月 14 日　初版発行

第一巻　著者　小田哲久，小田美智子

第二巻　著者　小田玉五郎

第三巻　著者　五井町文化財調査委員会　　　　発行所　株式会社 三恵社

〒462-0056　愛知県名古屋市北区中丸町2-24-1
TEL　052-915-5211
FAX　052-915-5019
URL　https://www.sankeisha.com